介護福祉士・伊藤亜記の
介護現場の「ねこの手」シリーズ④

介護業界のねこの手 伊藤亜紀の
実地指導対応

ケアマネジメントの仕事は、どうですか？
思っていたよりタイヘン？
そう感じている人にこそ読んでほしいのが、この本です。

今すぐ見直せるケアプラン

介護コンサルタント・介護福祉士・
株式会社ねこの手 代表
伊藤亜記／編・著

ご利用者から、心から
「ありがとう」を言われる
ケアプランづくりのノウハウ
が詰まっています。

デスクワークが苦手な方も
必要な書類を書くコツが
わかるので、仕事の質と
能率がアップします。

実地指導で求められて
いる書類の書き方、
仕事のポイントを
わかりやすく説明、
指導官の質問への簡潔な
答え方も伝授します。

ノウハウを知りながら、
ケアマネジメントという
仕事の「やりがい」も
再発見できる1冊です。

ひかりのくに

アキねこ先生直伝の講座です！
業務のキモをつかんで、やりがいを発見！

実地指導に対応しています。

 実地指導って、そんなに意識しないといけないの？

 実地指導は、介護保険がちゃんと適切に使われているかどうか確かめるためにあるのよ。「うちは適切だからだいじょうぶ！」という人もいるだろうけれど、ケアマネジャー業務の中でも、指導官が確かめたいポイントというのがあるのよ。最近は「自立支援」「医療と福祉の連携」「サービス担当者会議」「モニタリング」「カンファレンス」が適切に行なわれているかなどがキーです。

 なんだか、心配……。

 不安がらなくてもだいじょうぶ。仕事の基本姿勢を確かめるようなものだから。実地指導を意識すると、ケアマネジャーとしての背骨が支えられる効果もあるわよ。

適切な書類を書くことがなぜ、大切なのでしょうか？

 書類って、つくるのに時間がかかるんですよね……。

 でも、メモ的な走り書きや口約束だけだと、かえって、心配でしょう？　言ったけれど伝わってない、走り書きが読み取れない……これも、よくある事態。適切な書類があれば、なにかあったときにも自分の身を守れます。なんといっても、書類は自分の仕事を褒めたり反省したりする材料であり、次に生かす大事なもの。自分の財産になるのよ。そもそもケアマネジャーの仕事は公的な業務だから、書類は公文書です。基本的な書き方をしっかりマスターすれば、書くことで考えが整理できますよ。

ケアマネジメントとはなんですか？

 ケアマネジメントって、私の仕事のことですよね？

 そういうことだけど、おさらいしましょう。いろいろなサービスや医療を選んで組み合わせて、ご利用者やご家族を自立支援していく「しくみ」のことをケアマネジメントといいます。一定の手順（P.7）を踏んで進めることで、目標に近づけるようになっています。目標とは、「ご利用者の幸せ」だと私は考えているのよ。

ケアマネジャーの仕事とはなんですか？

 思ったような手ごたえがないと、自分の役割がわからなくなります。

 よくある相談ですね。ケアマネジャーはご利用者の目標を定めて、サービス担当のみなさんが役割を果たしやすいように指示や連絡をして、チームで成果を出していく仕事なのよね。だからケアマネジャーは「扇の要」とか「オーケストラの指揮者」とか「野球チームの監督」などにたとえられます。ご利用者が少しでも自立に近づいたり、悪化が予防できたりしたら、ケアマネジャーとチームの協力の成果です。そこに自信を持ちましょう！

私がいつもいっしょにいるよ！

アキねこ先生

代表受講生1
居宅ケアマネジャー・ミサコ

元看護師です。1年目でまだ慣れないことが多くって、迷うことがいっぱいですが、前向きにお仕事をしています。ご利用者の幸せのために自分ができることをいつも考えています。実地指導への対応は慣れていなくっていつもはらはらします。

代表受講生2
施設ケアマネジャー・ミツル

施設所属のケアマネジャーです。ケアマネジャーになって5年目になりました。ご利用者の方と接するときは、その方の立場に立った細かい気配りを心がけています。実地指導に対応した、しっかりしたケアプランをつくれるようになりたいです。

ケアマネジャーは、介護保険ご利用者の目標のためにいろいろなサービスを組み合わせ、成果が上がるように調整していきます。

ご家族

Tさんの息子さん　息子さんのお嫁さん

かかりつけ医

短期入所サービス
◎短期入所生活介護
◎短期入所療養介護

その他のサービス
◎特定施設入居者生活介護
◎特定福祉用具販売
◎福祉用具貸与
◎住宅改修
◎居宅介護支援
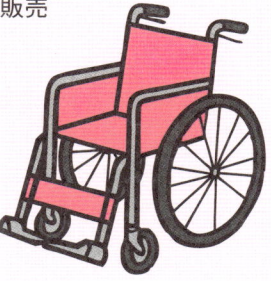

ご利用者

Tさん（アキねこ先生のおば）

訪問サービス
◎訪問看護
◎訪問介護
◎訪問入浴介護
◎訪問リハビリテーション

地域密着型サービス
◎夜間対応型訪問介護
◎認知症対応型通所介護
◎小規模多機能型居宅介護
◎認知症対応型共同生活介護
（グループホーム）……

インフォーマルサービス
◎民生委員
◎ボランティア
◎校区社会福祉協議会
◎スーパーの宅配サービス
　など

※地域のインフォーマルサービスの情報を深く広く持って、有効に活用していくことが、今後は特に重要！

通所サービス
◎通所介護
◎通所リハビリテーション

目　次

- ● アキねこ先生直伝の講座です！ 業務のキモをつかんで、やりがいを発見！ ……… 2
- ● ケアマネジャーは、介護保険ご利用者の目標のために
  いろいろなサービスを組み合わせ、成果が上がるように調整していきます。 ……… 3
- ● みんな介護保険制度のことは勉強したよね！
  もう一度、ポイントをおさらいしておきましょう。 ……… 6
- ● ケアマネジメントの一連のプロセスはこうなります。 ……… 7

アセスメント・課題分析編

- まずはアセスメントです！！ ……… 8
- 私のおばの実例を見ながら、流れを追ってみましょう。 ……… 11
- アセスメントの情報から課題を分析していきましょう！！ ……… 16
- Tさんの「課題検討用紙」はこのようになりました。 ……… 24
- ● 実地指導での答え方例〜アセスメント編〜 ……… 28

サービス計画書編

- ● 参考 暫定ケアプランを活用しましょう！ ……… 30
- 「サービス計画書」の第1表、第2表を作成していきましょう。 ……… 32
- ● 実地指導での答え方例〜「サービス計画書」第1表、第2表編〜 ……… 36

サービス担当者会議編

- サービス担当者会議を開催しましょう。 ……… 38
- 「サービス担当者会議の要点」を記入しましょう。 ……… 40
- ● 実施指導での答え方例〜サービス担当者会議編〜 ……… 42

支援経過編

「支援経過表」を書きましょう。 …………………………………………………………… 44
● Tさんのケアプラン開始後、介護職の方からひんぱんにメール報告をいただきました。 ……… 46

モニタリング・ケアプラン変更編

モニタリングをしましょう。 ………………………………………………………………… 48
ここで、Tさんのケアプランの3か月にわたる経過を見てみましょう。 ………………… 50
では、ここからは、Tさんの再プランのお話です。 ……………………………………… 52
Tさんの再プランです。 ……………………………………………………………………… 54
再プランスタートから約1か月後の「モニタリング表」です。 …………………………… 56
再プランから1か月にわたる「居宅介護支援経過」です。 ……………………………… 57
● 実地指導での答え方例～モニタリング・ケアプラン変更編～ …………………………… 58

そのほか、3つの表のお話をしましょう。 ………………………………………………… 60
ケアプランに必要な書類のおさらいをしましょう。 ……………………………………… 62
● 実地指導と監査 ……………………………………………………………………………… 64

実例に学ぶケアプラン

――サービス計画書第1表・第2表の記入のしかた―― …………………………………… 65

巻末資料

①ケアプランの軽微な変更について ………………………………………………………… 90
②コミュニケーションとマナーの基本 ……………………………………………………… 92
③認知症の基礎知識とケアのポイント ……………………………………………………… 94

編著者紹介 奥付 ……………………………………………………………………………… 96

(※) 表組をレイアウトするにあたって全体像を理解していただくため、本来の比率や様式を変更している場合が多くあります。

みんな介護保険制度のことは勉強したよね！
もう一度、ポイントをおさらいしておきましょう。

平成24年に改正された介護保険制度の背景にあったことは？

1. 少子高齢社会の進展→要介護高齢者やひとり暮らしの高齢者、後期高齢者の増加
2. 財政の悪化

つまり、支出は増えるのに収入は減るという、赤字会計。

介護保険制度見直しのポイントは？

「要介護状態の軽減・悪化の防止・維持」等を図り、「在宅での生活継続の限界点を高める」ために、サービス内容を見直して効率化・重点化する。

つまり、在宅で自立して生活できる高齢者を増やし、その人たちの「こうありたい」を尊重し、医療との適切な連携で、社会保障制度全体がうまく機能するようにしたい！

そのために必要になったことは？

1. 高齢者の持っている潜在能力を引き出すこと
2. 高齢者の生活意欲を引き出すこと

「潜在能力」と「生活意欲」を引き出しましょう！そのために自立支援型ケアマネジメントがあります。

それは…

家族・近隣・社会資源・医療等との密接な連携
- 地域包括ケアシステムの構築
- 地域包括支援センターの機能強化

暮らしているおなじみの地域内で必要なサービスができるようなしくみづくりです。

保健医療・介護の連携
- 在宅での看取りも含めた、医療と介護の連携の強化

病院や施設任せではなく、必要に応じてそれぞれ柔軟に利用していくようにします。

「自立支援」推進のためのサービス見直し
- 訪問リハビリテーションと連携した自立支援型の訪問介護や、通所介護の個別機能訓練加算の見直し、在宅での看取りの強化など

在宅でもリハビリや看取りができるような体制をつくっていきます。

在宅生活の限界を高める新サービス
- 24時間の定期巡回・随時対応型訪問介護看護
- 小規模居宅介護に看護機能を組み合わせた「複合総合型サービス」
- サービス付き高齢者向け住宅（介護保険外）の整備促進など

夜間に対応する訪問、通いや泊まりに柔軟に対応するサービスなどです。

ご利用者の自立支援って、在宅で自分のことができるようにすること？

生活に必要なことができるようになるための支援だけじゃないのよ。ご利用者とご家族が笑顔になれる手助けと考えると近いと思うわ。人の生活には、地域の人とのふれあいや生きがい、ご家族とのよい関係なども大事でしょ。ご家族のひとりへの負担が重すぎて家庭が壊れそうになっていたら、ご利用者にもよい状態とはいえないし。ご家族、人生経験、地域とのかかわりも考えて、その人が少しでも前向きに生活できるようにプランを考えます。地域のボランティアなど介護保険以外のサービスも活用して、できるだけ在宅でよりよく生活ができるように、上の4つの表を参考に、じょうずに連携することが大切よ。ケアマネジャーの知識やアイディアを生かしていきましょう。

ケアマネジメントの一連のプロセスはこうなります。

1 十分なアセスメントをする

◎必要な書類
〈アセスメントシート〉
詳しくは P.11 へ

ご利用者の方が自立した生活ができない「バリア」がどこにあるのかを探し出しましょう！

↓

2 課題分析をする

◎必要な書類
〈課題検討用紙〉
詳しくは P.16 へ

参考 暫定ケアプランを作成します。
詳しくは P.30 へ

暫定ケアプランは、参考として紹介しますが、私はこのひと手間が大切だと思っています。

↓

3 サービス計画書を作成する

◎必要な書類
〈サービス計画書第1表、第2表、第3表〉
詳しくは P.32・P.60 へ

→

4 サービス担当者会議を開催する

◎必要な書類
〈サービス担当者会議の要点〉
詳しくは P.38 へ

↑

ご本人の了解

↑

サービスの実施

モニタリングのときだけでなく、ご利用者、そのご家族、サービス担当者とのコミュニケーションを常日ごろからとっておくことが大切です。

↑

5 モニタリング

◎必要な書類
〈モニタリング表〉
詳しくは P.48 へ

↑

継続的な管理

アセスメントで見つけた「バリア」をひとつでも取り除いてあげることはできましたか？ 改善していないときは、どこに原因があるのかをしっかり分析しましょう。

↑

6 サービス計画の変更

詳しくは P.52 へ

← 1 に戻る

7

アセスメント・課題分析編

まずはアセスメントです!!

　アセスメントはケアプランの土台です。情報の集め方と課題の見いだし方しだいで、サービスの成果が違ってくるので、実地指導でも、情報の集め方や課題検討の方法が問われます。
　そもそも、ご利用者に元気になってもらうには、まず、その方の人生を知らないとダメ！ 表面の症状だけではなくて、人生観や価値観を把握するように努めましょう。

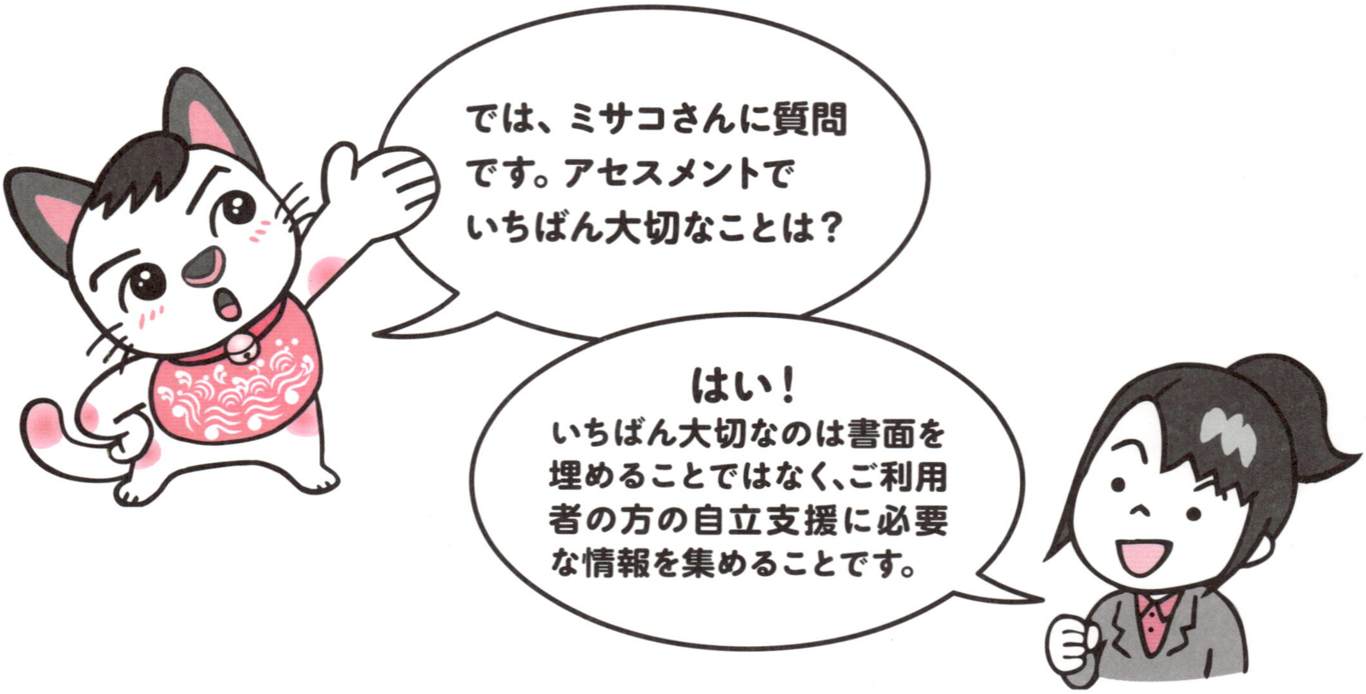

では、ミサコさんに質問です。アセスメントでいちばん大切なことは？

はい！いちばん大切なのは書面を埋めることではなく、ご利用者の方の自立支援に必要な情報を集めることです。

アセスメントの流れをおさらいしましょう。

1. アセスメントはどこで？

　ケアマネジャーが、ご利用者が生活しているお宅を訪問して、ご家族とご本人に会ってアセスメントを行ないます。その前にご家族の同意をいただいて、役所に情報開示の請求をして申請時の医師の意見書を見ておくといいでしょう。

 ご利用者がまだ入院中なら、退院に備えて病院でお話を聞いてもいいですか？

 入院中に聞くのももちろんよいけれど、家での実際の生活を拝見しないことには、どんな支援が必要かとか、どこまでできそうか、どんな環境なのかなど、大切なことがわからないから、退院後にお宅を必ず訪ねること。これは実地指導でもよく確認されますよ。

2. 敬意を持ってご利用者本人と面接。

訪問したら、アセスメントの目的と守秘義務を最初に説明します。敬意を忘れないで、接遇マナーの基本をわきまえましょう。

このとき、いつも硬くなってしまうんですが……。

アセスメントのコツは、笑顔であいさつをする。目線を合わせる。上から見下ろさないように、なるべく目線の高さを合わせる。聞き取りやすいように話す。などがあるわね。「おばあちゃん」は禁物、お名前で「○○さん」・「○○様」と呼びかけるのも基本。それからやはり敬意を持つことよ。

アセスメントシートの項目の確認はともかく、人生観や価値観を把握するコツって……？

故郷の話から生い立ちの話になったり、趣味の話題からゴルフの自慢になったりするでしょ。「ご利用者を知りたい！」という気持ちがあったら、雑談から価値観がわかってくるはず。

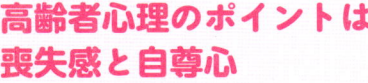

高齢者心理のポイントは喪失感と自尊心

（1）喪失感

退職などによって社会的な地位や人との交流を失うほか、老化に伴う体力や記憶力の衰えも実感します。さらに家族や友人の死など、大事な人やものを次々と失っていく喪失感を味わっています。

（2）自尊心

長い人生経験の中で、それなりに苦難を乗り越えて達成した成果や、生活の知恵、高度な技術などを身につけ、自信と自尊心を持っています。喪失感を抱える一方、自尊心によって自分を支えているという複雑な心理状況にあります。介護されることに負い目を感じている方も多いようです。

相手の表情は「自分の鏡」なのよ。ご利用者に笑顔でいてほしいときは、自分が感じのよい笑顔で接することが第一。笑顔は伝染するのよ。

まずは、ご利用者のできること(現有能力＝残存機能)を確認しましょう。

●6-① 基本（身体機能・起居）動作

要介護認定項目			
	1-1	麻痺等（複数可）	① 2 3 4 5 6
	1-2	拘縮（複数可）	① 2 3 4 5
	1-3	寝返り	1 ② 3
	1-4	起き上がり	1 ② 3
	1-5	座位保持	① 2 3 4
	1-6	両足での立居保持	① 2 3
	1-7	歩行	1 ② 3
	1-8	立ち上がり	1 ② 3
	1-9	片足での立位保持	1 2 ③ 4

●6-② 生活機能（食事・排泄等）

要介護認定項目			
	2-1	移乗	① 2 3 4
	2-2	移動	① 2 3 4
	2-3	えん下	① 2 3
	2-4	食事摂取	① 2 3 4
	2-5	排尿	① 2 3 4
	2-6	排便	① 2 3 4
	2-7	口腔清潔	① 2 3
	2-8	洗顔	① 2 3

※『新版・居宅サービス計画ガイドライン エンパワメントを引き出すケアプラン』社会福祉法人全国社会福祉協議会、2009年、アセスメントシートを使用。

質問のしかたも大きなポイント！

×例と○例の違いを分析してみましょう。

質問のしかたも実地指導で問われるんですね。

× 「なにを手伝ってほしいですか？」
× 「どのサービスを使いますか？」
○ 「困っていることはなんですか？」
○ 「なにができるようになりたいですか？」

▶ ×例は、家事の代行サービスや家政婦さんのような聞き方です。○例のような尋ね方で自立への姿勢を引き出しましょう。

3. ご家族とも話しましょう。

ご家族とご利用者はお互いに遠慮があって、目の前では言いにくい話があるもの。訪問の前後にメールやメモで連絡をもらい、会ったときにあらためて相談を受けるといいでしょう。

 お金の話も、ご本人の前では言えませんよね。

 そのとおり！ 経済的な事情はもちろん、排せつのこともあるし。認知症では悪気のない虚言癖や物をとられたという妄想があったり……。率直に話してもらうには、守秘義務を説明し、「お答えしにくいことをうかがいますが」と前置きをすると、話しやすいことも。ケアマネジャーは、「ご利用者が幸福になるとご家族も幸福になる、その手伝いをします」という姿勢を見せることが大事。気持ちは受け止めながらも、ご家族の側に立ってご利用者を「困った人」と見るような姿勢を慎んでね！

 ご家族が介護で苦労されていると、同情してしまいますが……。

 「夜中に1時間おきに起こされて眠れない」など苦労の内容を具体的に聞き出しながら、ストレスの度合いも測ります。負担が重すぎるようなら、ほかの人と分担する、ショートステイでクールダウンしていただくなど、事情に合わせた対策をたてましょう。表面的な同情ではなく、冷静に事情を把握する目を持つのがケアマネジャーよ。

4. ご利用者の生活環境をチェック。

ご利用者の住まいも案内してもらいます。浴室、トイレ、台所を初めとして、日常の生活動作と動線を確認して、使いがってと危険個所をチェックしておきます。徒歩範囲のご近所環境も同様に観察します。ご利用者の1日、1週間の過ごし方をなぞって生活の全体像をイメージすることで、適切な支援がより具体的になっていきます。

このような、より深く具体的にご利用者を知るために行なった工夫や配慮の記録は、実地指導においても役にたちます。医療的な留意事項は、主治医意見書や診療情報提供書からまた直接情報を得ます。

5. すべての情報を「アセスメントシート（フェイスシート）」に書き込んで整理しましょう。

アセスメントでわかった情報を、整理して書き込みます。ご利用者の心身の支障を×や○、レ点の記号でわかりやすく整理することと、具体的な状況や気持ちを簡潔に文章で書く、このふたつが必要です。

アセスメントはその方を知り、その方により近づくために必要な作業です。

私のおばの実例を見ながら、流れを追ってみましょう。

アセスメント・課題分析編

～アキネコのおば・Tさんの場合　前編～

ある日「おばさんが立てなくなったみたい」と実家の母から連絡がきました。85歳のおばは団体の役員なども活発にこなす元気な人なので、私（アキネコ）も不意をつかれました。同居している息子の奥様（Yさん）の話では、おばは、施設に入所していた仲よしの妹が急逝した衝撃と悲しみで気持ちがふさいでいたところ、持病の坐骨神経痛が悪化して、立ち上がれなくなってしまったようです。以前は自立していて介護保険はまったく必要ありませんでしたが、状況が変わってしまったので、私はYさんと相談し、おばに「少しの間だけ」と介護保険申請を勧めました。歩けるようになるための生活リハビリが重要なこと、メニエール病や高血圧などの不安もあったからです。同居といっても、家族が24時間付き添うわけにはいきません。それに「無理しないで休んでください」と手伝いすぎて、リハビリの時期を逃してしまうのは目に見えています。

認定の結果を待っていては間に合いません。すぐに暫定のケアプランをたててもらい、おばの家に地域包括支援センターの主任ケアマネジャー、居宅介護支援事業所のケアマネジャー、訪問介護事業所のサービス提供責任者、Yさんとおば、私が集まってサービス担当者会議を行ない、サービスを開始してもらうことになりました。

■相談内容（主訴／本人・家族の希望・困っていることや不安、思い）

（本人）
元の生活に戻りたい。なんとか元気になり買い物や会合などに行けるようになりたい。

（家族及び介護者）
外出できるようになってほしい。風呂場が1Fと3Fにあり階段の昇り降りも時間がかかる状況。湯船に入るのにも体力がいるので、入浴がほとんどできない状況。

■これまでの生活の経過

結婚後は、専業主婦や公立高校の先生をされていた。さまざまな団体の役員や顧問をされ社会的役割を持った生活を送ってきた。

H00. 2/27、急に動けなくなり起き上がるのがやっとの状態になった。整形外科を受診し坐骨神経痛と診断される。これをきっかけに閉じこもりがちの生活になり、気分の落ち込みも見られるようになった。

H00. 4/11 ～自立支援目的で訪問介護サービス利用開始。

H00. 8/12　震えや頭痛があり、急遽入院することとなる。
H11. 8/25　退院。

本書掲載時点以降、このようなことがありました。その変化ごとに再アセスメント、ケアプランの見直し等（サービス担当者会議も）が行なわれます。決して一度でおしまいではありません。

P.11～44の「チェックポイント」については、和歌山県福祉保健部福祉保健政策局長寿社会課／平成21年3月「ケアプランチェックマニュアル」参照。

高額介護サービス費該当	利用者負担	(　□第4段階　□第3段階　□第2段階　□第1段階　)		
要介護認定	済	→ 非該当・要支援 1・2　要介護 1・2・3・4・5	認定日	
	未(見込み)	→ 非該当・要支援 1・2　要介護 1・2・3・4・5		
身障手帳	□有 ☑無	等級　　　種		
療育手帳	□有 ☑無	程度		
精神障害者保健福祉手帳	□有 ☑無	等級		
障害福祉サービス受給者証の有無	□有 ☑無	自立支援医療受給者証の有無　□有 ☑無　障害程度区分→(		
日常生活自立度	寝たきり	自立・J1・J2・A1・A2・B1・B2・C1・C2	判定者	(機関名)
	認知症	自立・I・IIa・IIb・IIIa・IIIb・IV・M		(機関名)

実地指導にも対応
アセスメント全体のチェックポイント

1. アセスメント方式は適切か。最低限、23項目の情報収集ができているか。
2. 単に23項目の状況を聞き取るだけでなく、聞き取った情報をもとに課題を分析・整理できているか。
3. 利用者や家族の意向を尊重しているか。
4. アセスメントは利用者の居宅を訪問して行なったか。

※『新版・居宅サービス計画ガイドライン　エンパワメントを引き出すケアプラン』社会福祉法人全国社会福祉協議会、2009年、アセスメントシートを使用。

2 家族状況とインフォーマルな支援の状況

■家族構成と介護状況

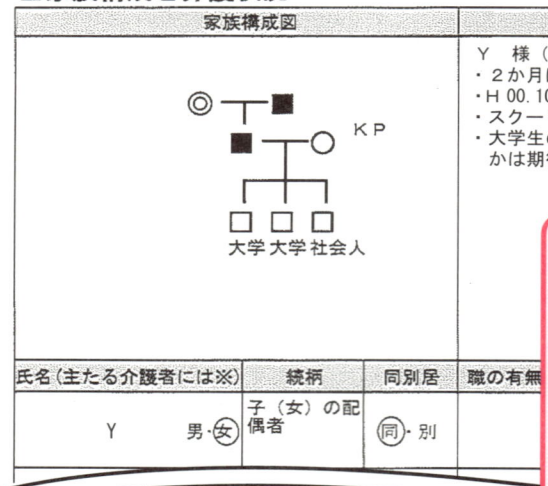

家族構成図	家族の介護の状況・問題点
（家系図：◎―■、■―○ KP、大学 大学 社会人）	Y 様（嫁） ・2か月に1回程度のペースで名古屋に2泊程度されている。 ・H 00.10月～11月にかけて実習があり、日中不在になってしまう予定。 ・スクーリングで土日も日中不在になる。 ・大学生の孫が日中自宅にいることもあるが、介護面で協力を得られるかは期待できないようす。

氏名（主たる介護者には※）	続柄	同別居	職の有無
Y　男・⓪	子（女）の配偶者	ⓢ・別	

実地指導にも対応
基本条項に関する項目のチェックポイント

5. 相談の主題（理由）について把握できているか。だれから情報を得たかが記載されているか。
6. 現在の生活状況のみでなく、過去の生活歴や学歴、職歴、趣味なども聞き取れているか。できれば経済状況も確認できているか。
7. 被保険者証の記載事項をきちんと確認できているか。
8. 医療保険や生活保護、身体障害者手帳の有無など、介護保険以外の情報も把握できているか。
9. 医療や地域の高齢者サービスなど、インフォーマルサービスの利用状況についても聞き取れているか。
10. 面談したときのみでなく、身近にかかわっている他者からの情報も参考にして判断できているか。（障害老人の日常生活自立度／認知症である老人の日常生活自立度 共通）
11. 利用者、家族それぞれの訴えや考え（困っていること、要望など）を個別に聞き取れているか。
12. 認定情報をきちんと把握したうえで計画書を作成しているか。
13. アセスメント理由が具体的に記載されているか。

4 住居等の状況

☑1戸建て　□集合住宅 賃貸・⓪所有・給与住宅・公営住宅・その他（　　）	家屋（居室を含む）見取図　※段差には▲を記入

居室等の状況
- ア. ☑専用居室あり　□専用居室なし
- イ. □1階 ☑2階 □その他（　）階⇒エレベーター □有 ☑無
- ウ. □布団 ☑ベッド⇒ ☑固定式 □ギャッチ □電動
  　　　□その他（電動ではないが高さ調整できる）
- エ. 陽あたり □良 ☑普通 □悪
- オ. 暖房 ☑あり □なし　カ. 冷房 ☑あり □なし

トイレ
- ア. □和式 ☑洋式　□その他（　）
- イ. 手すり ☑あり □なし
- ウ. トイレまでの段差 ☑あり □なし

福祉機器（室外）
☑使用している □使用していない
↓使用している場合
□車いす　□電動車いす
☑杖　□歩行器
□その他（　　）

浴室
- ア. ☑自宅にあり □自宅になし
- イ. 手すり ☑あり □なし
- ウ. 浴室までの段差 ☑あり □なし

福祉機器（室内）
☑使用している □使用していない
↓使用している場合
□車いす　□電動車いす
☑杖　□歩行器
□その他（　　）

諸設備　洗濯機 ☑あり □なし　湯沸器 ☑あり □なし　冷蔵庫 ☑あり □なし

【周辺環境・立地環境・その他住居に関する特記事項】
本人の生活スペースは2Fになっている。2Fには居室、居間、キッチン、トイレがあるが、風呂場は1Fと3Fにある。
室内の各所のドア部分には数ミリ程度だが段差あり。
1Fや3Fに行くためには階段があるため、移動するのに時間と体力がいる状況。
階段昇降機の検討もされるが、高額になってしまうため保留。

（見取図：2F 階段、トイレ、本人居室、リビング キッチン）

> ご家族の生活スペースの近くにご本人の居室があるのはいいことですね。
> 精神的な寂しさを感じる時間が少ないのではないでしょうか。

※『新版・居宅サービス計画ガイドライン エンパワメントを引き出すケアプラン』社会福祉法人全国社会福祉協議会、2009年、アセスメントシートを使用。

5 本人の健康状態・受診等の状況

既往歴・現症（必要に応じ「主治医意見書」を転記）	障害等の部位
※要介護状態に関係がある既住歴および現症 白内障OPE メニエール病 高血圧 H 00.2月下旬坐骨神経痛	（正面）

身 長	148 cm	体 重	約42 kg
歯の状況	☑歯あり □歯なし □総入れ歯 □局部義歯 ⇒6-②生活機能（食事・排泄等）		

【特記事項】
以前は左のおしり付近が痛かったが最近は左足ソケイ部が痛むとのこと。
医師「血圧は安定している。転倒しないように生活してほしい」

主治医からの指導・助言事項：視力障害、聴力障害、麻痺、関節の動き、じょく瘡、その他皮膚疾患（以下略）
言語障害、動悸、息切れ、便秘、尿失禁、便失禁、摂食嚥下障害、口腔（炎症・痛み・出血・口臭・虫歯・

現在の受診状況				
病 名				
薬の有無	☑有	□無	□有	
受診状況	発症時期 ※主治医意見書を参考に記入			
	受診頻度	□定期（週・月 1回） □不定期	□定期（ □不定期	
	受診状況	☑通院 □往診	□通院	
受診病院	医療機関	●●●●循環器クリニック		
	診療科	循環器科		
	主治医	○○○○Dr		
	連絡先	TEL 000-000-0000		
受診方法 留意点等				
往診可能な医療機関	□無 ☑有（やぎさわ循環器			
緊急入院できる医療機関	□無 □有（			
相談、処方を受けている薬局	□無 ☑有（ほやまち薬局			

【特記、生活上配慮すべき課題など】

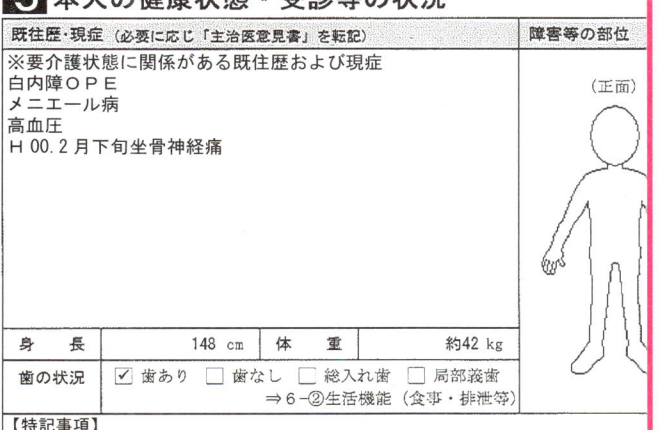

実地指導にも対応
課題分析(アセスメント)に関する項目のチェックポイント①

14. 既往症や通院状況、服薬内容などに加え、病気の現在の状況及び予後、治療方針、日常生活への影響などについても記載されているか。
15. 利用者の障害や病気に対する思いや受容について、きちんとアセスメントできているか。
16. ADL・IADLに関する項目ひとつひとつについて、利用者が「できること」「していること」「できそうなこと」「手助けを受けていること」などが把握できているか。(ADL・IADL共通)
17. なぜその状態か、生活で困っていることはなにかを把握できているか。(ADL・IADL共通)
18. 「認知症」と判断した理由や程度、中核症状、周辺症状の内容、日常生活での支障などが具体的に記載されているか。
19. 利用者、援助者の病気に対する理解や受診状況、治療状況などが把握できているか。
20. コミュニケーション方法やコミュニケーションが取れる相手が具体的に記載されているか。
21. 社会的活動の内容や活動の頻度が具体的に記載されているか。
22. 排尿・排便方法、頻度、利用者および家族の意向や困りごとなどが具体的に記載されているか。
23. なぜ、その方法を取っているのか、その原因や背景を把握しているか。

6 本人の基本動作等の状況と援助内容の詳細

● 6-① 基本（身体機能・起居）動作

現在、家族が実施している場合は○
時々実施の場合は△

現在、在宅サービス等で実施している場合○
本人・家族がサービス実施を希望する場合○
要援助と判断される場合にし計画した場合に○（確認）

要介護認定項目		
1-1 麻痺等（複数可）	① 2 3 4 5 6	
1-2 拘縮（複数可）	① 2 3 4 5	
1-3 寝返り	1 ② 3	
1-4 起き上がり	1 ② 3	
1-5 座位保持	① 2 3 4	
1-6 両足での立位保持	① 2 3	
1-7 歩行	1 ② 3	
1-8 立ち上がり	1 ② 3	
1-9 片足での立位保持	1 2 ③	
1-10 洗身	① 2 3 4	
1-11 つめ切り	1 ② 3	
1-12 視力	① 2 3 4 5	
1-13 聴力	① 2 3 4 5	
1-14 関節の動き（複数可）	① 2 3 4 5 6 7	

体位変換・起居

6-①1-1、1-2関係	援助の現状	希望	要援助→計画
	家族実施	サービス実施		
1)体位変換介助				
2)起居介助				

リハビリの必要性
□あり →P9
□なし

【特記、解決すべき課題など】

入浴

6-①1-10関係	援助の現状	希望	要援助→計画
	家族実施	サービス実施		
1)準備・後始末				
2)移乗移動介助	△		○	
3)洗身介助				
4)洗髪介助				
5)清拭・部分浴				
6)褥瘡・皮膚疾患の対応				

2)移乗移動介助
現状	計画
☑見守りのみ	☑見守り必要
☑介助あり	☑介助必要

3)洗身介助
現状	計画
□見守りのみ	□見守り必要
□介助あり	□介助必要

【特記、解決すべき課題など】
お風呂場が1Fと3Fにあり、階段の移動に時間がかかることや、湯船に入るのに体力が必要な状況。
浴槽内に敷く滑り止めマットを購入希望。

項目のチェックと、文章とでようすが見えてきますね！

お風呂場が1階と3階にあるという特記事項も重要です。

<コミュニケーションの状況・方法(6-①1-12、1-13関係)>
ア. 視聴覚

【特記、解決すべき課題など】

●6-② 生活機能（食事・排泄等）

要介護認定項目	2-1 移乗	①	2	3	4
	2-2 移動	①	2	3	4
	2-3 えん下	①	2	3	
	2-4 食事摂取	①	2	3	
	2-5 排尿	①	2	3	4
	2-6 排便	①	2	3	4
	2-7 口腔清潔	①	2	3	
	2-8 洗顔	①	2	3	
	2-9 整髪	①	2	3	
	2-10 上衣の着脱	①	2	3	4
	2-11 ズボン等の着脱	①	2	3	4
	2-12 外出頻度	①	2	3	
	2-13 飲水摂取	①	2	3	4

食事

6-②2-1〜2-4関係	援助の状況		希望	要援助→計画
	家族実施	サービス実施		
1) 移乗介助				
2) 移動介助	△		○	○
3) 摂取介助				

【特記、解決すべき課題など】
歩行は長い距離は難しく、階段の昇り降りにも時間がかかる状況。日常の生活は2Fだが、お風呂場は3Fを利用しているため移動が大変で、そのため入浴がほとんどできない状況。

主食

現状	計画
☑ 普通食	□ 普通食
□ 粥食	□ 粥食
□ 経口栄養	□ 経口栄養
□ 経管栄養	□ 経管栄養
	□ その他

（副食）
□ 普通食 / □ 刻み食 / □ ミキサー食 / □ その他

摂取介助
□ 見守りのみ / □ 見守り必要
□ 介助あり / □ 介助必要

> 「着替えはボタンをはめるのは困難だが、マジックテープならできる」「以前は支えられるとトイレまで歩けた」のように、具体的に記すことで、ニーズの把握がしやすくなります。

〈その他食事の現状（6-②2-4関係）〉

ア. 食事場所　☑ 食堂　□ 居室ベッド上
　□ 布団上　□ その他居室内
　□ その他（　　）

イ. 食堂までの段差
　☑ あり　□ なし

ウ. 咀嚼の状況　☑ 問題なし　□ 問題あり
　→ □ 噛みにくい　□ 時々噛みにくい
　　□ とても噛みにくい

エ. 食事の内容
　☑ 一般食　□ 糖尿食　K㎉
　□ 高血圧食　g　□ 抗潰瘍食
　□ その他（　　）

〈その他排泄の状況（6-②2-5、2-6関係）〉

ア. 尿意
　☑ ある　□ ときどきある　□ ない

イ. 便意
　☑ ある　□ ときどきある　□ ない

6-③ 認知機能

要介護認定項目	3-1 意思の伝達	①	2 3 4
	3-2 毎日の日課を理解する	①	2
	3-3 生年月日や年齢を答える	①	2
	3-4 面接調査の直前記憶	①	2
	3-5 自分の名前を答える	①	2
	3-6 今の季節を理解する	①	2
	3-7 自分のいる場所を答える	①	2
	3-8 徘徊	①	2 3
	3-9 外出すると戻れない（迷子）	①	2 3
	3-10 介護者の発言への反応	①	2 3

6-④ 精神・行動障害

要介護認定項目	4-1 被害妄想（物を盗られたなど）	①	2 3
	4-2 作話をする	①	2 3
	4-3 感情が不安定になる	①	2 3
	4-4 昼夜の逆転	①	2 3
	4-5 しつこく同じ話をする	①	2 3
	4-6 大声を出す	①	2 3
	4-7 介護に抵抗する	①	2 3
	4-8 落ち着きがない（「家に帰る」等）	①	2 3
	4-9 外に出たがり目が離せない	①	2 3
	4-10 ものを集める、無断でもってくる	①	2 3
	4-11 物を壊す、衣類を破く	①	2 3
	4-12 ひどい物忘れ	①	2 3
	4-13 独り言や独り笑い	①	2 3
	4-14 自分勝手な行動	①	2 3
	4-15 話がまとまらない、会話にならない	①	2 3
	4-16 幻視・幻聴	①	2 3
	4-17 暴言・暴力	①	2 3
	4-18 目的なく動き回る	①	2 3
	4-19 火の始末・管理	①	2 3
	4-20 不潔行為	①	2 3
	4-21 異食行動	①	2 3

家族等からの情報と観察：
体が不自由になってしまい自由に行動できなくなってしまったことで、気分の落ち込みも見られる。

> "できないところ"を見るのではなく、"どんな心身状況で、どんな生活に戻りたいのか"ネガティブでなく、ポジティブにとらえることがポイントです。

援助の現状（家族）：
外出時は長い距離の歩行が難しいため、歩行の見守りや介助が必要。

援助の希望（本人）：
ひとりで調理、掃除、外出したり、元の生活に戻りたい。

援助の希望（家族）：
入浴できる機会を増やしてほしい。
外出できるようになってほしい。

援助の計画：
「元の生活に戻りたい」という思いをかなえるために、自立支援の立場で入浴介助・共に行なう調理や掃除を計画内容として盛り込む。家族の介助による外出の頻度が増えるよう車イス貸与も計画に盛り込む。

【特記、解決すべき課題など】

※『新版・居宅サービス計画ガイドライン エンパワメントを引き出すケアプラン』社会福祉法人全国社会福祉協議会、2009年、アセスメントシートを使用。

〔全社協・在宅版ケアプラン作成方法検討委員会作成〕

アセスメント・課題分析編

支障については、改善に短期あるいは長期でどのくらい必要なのか、記載しながら頭の中で整理をしておくといいですよ。

6-⑤ 社会生活(への適応)力

要介護認定項目		1	2	3	4
	5-1 薬の内服	①	2	3	
	5-2 金銭の管理	①	2	3	
	5-3 日常の意思決定	①	2	3	4
	5-4 集団への不適応	①	2	3	
	5-5 買い物	1	2	3	④
	5-6 簡単な調理	1	2	3	④
	5-7 電話の利用	①	2	3	
	5-8 日中の活動(生活)状況等	1	②	3	
	5-9 家族・居住環境、社会参加の状況などの変化	1	②		

→ 6-⑥医療・健康関係へ

6-⑤5-2、5-5〜5-6関係	援助の現状 家族実施	要援助
1) 金銭管理		
2) 買い物	○	
3) 調理	○	
4) 準備・後始末		

6-⑤5-7〜5-8関係	援助の現状 家族実施	
1) 定期的な相談・助言		
2) 各種書類作成代行		
3) 余暇活動支援		
4) 移送・外出介助	○	
5) 代読・代筆		
6) 話し相手	○	
7) 安否確認	○	
8) 緊急連絡手段の確保	○	
9) 家族連絡の確保	○	
10) 社会活動への支援	○	

<社会活動の状況(6-⑤5-8、5-9関係)>
ア. 家族等近親者との交流　☑あり(　)　□なし
イ. 地域近隣との交流　□あり(　)　☑なし
ウ. 友人知人との交流　□あり(　)　☑なし

緊急連絡・見守りの方法	多賀谷由美様

【特記、解決すべき課題など】
以前から各種会合の役員をされており、今後も参加していきたいと考えている。

実地指導にも対応
課題分析(アセスメント)に関する項目のチェックポイント②

24. じょく瘡がある場合は、大きさや程度、医療的処置をしているかどうかが記載されているか。
25. じょく瘡・皮膚の問題の原因や背景が把握できているか。
26. 口腔衛生に関する項目が具体的に記載されているか。
27. 口腔衛生に問題がある場合、原因や背景が把握できているか。
28. 食事の内容、介助の状況などが具体的に記載されているか。
29. 食事を食べるうえでの困りごとについて、原因や背景が把握できているか。
30. 問題行動の内容や頻度、問題行動が起きる原因や背景の分析などが具体的に記載されているか。
31. 家族・近隣の人などがそれぞれどのような行動に対して問題と考えているのかを把握できているか。問題行動に対するストレスなどが把握できているか。
32. 介護者の介護状況や心身の状況を把握できているか。
33. 利用者が行動するうえで困っていることが、自宅内だけでなく周辺の環境も含めて把握できているか。
34. 利用者・介護者の両方について、特別に配慮すべきこと(家族の特別な事情や病気に対する重要情報など)が聞き取れているか。

「社会の一員として役割をこれからも持ち続けていたい」という思いを大切にしてさしあげたいですね。

● 6-⑥ 医療・健康関係
※計画をする際には主治医の意見を求める必要あり

要介護認定 処置内容		援助の現状 家族実施 サービス実施	希望	要援助→計画	現状	計画	具体的内容
	1. 点滴の管理				☑	☑	バイタルサインのチェック
	2. 中心静脈栄養	1)測定・観察		○	☑	☑	定期的な病状観察
	3. 透析	2)薬剤の管理		○	☑	☑	内服薬
	4. ストーマ(人工肛門)の処置	3)薬剤の使用			□	□	坐薬(緩下剤、解熱剤等)
	5. 酸素療法	4)受診・検査介助			□	□	眼・耳・鼻等の外用薬の使用等
	6. レスピレーター(人工呼吸器)	5)リハビリテーション			□	□	温・冷あん法、湿布貼付等
	7. 気管切開の処置	6)医療処置の管理			□	□	注射
					□	□	吸引
					□	□	吸入
					□	□	自己注射(インスリン療法)

7 全体のまとめ

これまで社会的役割を持った生活を送ってこられ、「元の生活に戻りたい。会合に行きたい」などの強い希望がある。

自立支援を目的に、訪問介護の導入を検討。
・共に行なう調理と掃除。
・お風呂場までの移動の見守りと介助と入浴介助。
・家族介助による外出がスムーズにいくよう車イスのレンタル。

サービス実施状況や本人の身体状況などを考え、外出介助も今後検討していく。

15

アセスメント・課題分析編

アセスメントの情報から課題を分析していきましょう!!

アセスメントでいろいろな情報がわかったら、次は、自分(ケアマネジャー)の頭の中を整理しましょう。ご利用者の情報とケアプランを結びつける大事なステップです。「ケアプラン策定のための課題検討用紙」(以降、「課題検討用紙」)を使えば、合理的に整理できますよ。

では、ミツルくん。ここで必要な書類は？

はい！課題検討用紙です。いつも書くには書いていますが、うまく分析できているかな……。

では、いっしょにやっていきましょう！

ケアの方向性を決定しましょう。

1. 右ページⓐ欄の項目をひとつひとつ確認します(スクリーニング)。

アセスメントで情報収集した中から、利用者ご本人の生活上に支障が「あること」と、「ないこと」を見分け、検討の必要があるものに○、必要がないものに×印を付けます。手伝えば着替えられるなど、条件付きでできることは○を付けて、具体的なようすをⓑに書きます。

ご本人はできているつもりでも、ご家族から見たらできていないことも、○ですよね？

そうです。そういうことはよくあります。

支障のないことには×を入れて、きちんと確認したという記録を残しましょう。

ⓐの記入例

項　目	細　目	チェック
1. 健康状態	① 既往歴	○
	② 主傷病	○
	③ 症状	○
	④ 痛み	○
	⑤ その他	
	① 寝返り	×
	② 起き上がり	×

16

ケアプラン策定のための課題検討用紙

使用した課題分析手法名：
アセスメント基準日： 平成　年　月　日

利用者名：　　　　　様

アセスメント・課題分析編

項目	細目	チェック	検討が必要な具体的状況	原因	本人，家族の意向	自立に向けた可能性，維持の必要性，低下・悪化の危険性，ケアの必要性	生活全般の解決すべき課題（ニーズ）	ケアの方向性
1. 健康状態	① 既往歴 ② 主傷病 ③ 症状 ④ 痛み ⑤ その他							
2. ADL	① 寝返り ② 起きあがり ③ 移乗 ④ 歩行 ⑤ 着衣 ⑥ 入浴 ⑦ 排泄 ⑧ その他							
3. IADL	① 調理 ② 掃除 ③ 買物 ④ 金銭管理 ⑤ 服薬状況 ⑥ その他							
4. 認知	① 日常の意思決定を行うための認知能力の程度							
5. コミュニケーション能力	① 意思伝達 ② ③ ④ その他	ⓐ	ⓑ	ⓒ	ⓓ	ⓔ	ⓕ	ⓖ
6. 社会との関わり	① 社会的活動への参加意欲 ② 社会との関わりの変化 ③ 喪失感や孤独感 ④ その他		⇒ⓑ以降の説明は次のページから					
7. 排尿・排便	① 失禁の状況 ② 排尿排泄後の後始末 ③ コントロール方法 ④ 頻度 ⑤ その他							
8. 褥瘡・皮膚の問題	① 褥瘡の程度 ② 皮膚の清潔状況 ③ その他							
9. 口腔衛生	① 歯の状態 ② 口腔内の状態 ③ 口腔衛生							
10. 食事摂取	① 栄養 ② 食事回数 ③ 水分量 ④ その他							
11. 問題行動（行動障害）	① 暴言暴行 ② 徘徊 ③ 介護の抵抗 ④ 収集癖 ⑤ 火の不始末 ⑥ 不潔行為 ⑦ 異食行動							
12. 介護力	① 介護者 ② 介護者の介護 ③ 介護負担 ④ 主な介護者に関する ⑤ その他							
13. 居住環境	① 住宅改修の必要性 ② 危険箇所等							
14. 特別な状況	① 虐待 ② ターミナルケア ③ その他							

Tさんの実例を元に項目ごとの記入のしかたを学びましょう。記入例全体を見たい方は、P.24～27へ。

Since:2003.11.14.

17

2. ⓐのチェックを分析しながらⓑ欄を埋めます。

支障がある項目（○印）は、その内容をさらに具体的にしていきます。医師の指示があるものは、その内容を記します。

生活上の支障は、どこまでできて、どんなことに支障があって支援が必要なのかを具体的に把握しましょう。5W1H（いつ・どこで・だれが・なにを・なぜ・どのように）を頭に置いて状況を見ると、要因がつかみやすくなるので、覚えておいて。

単に「腰痛で歩けない」「入浴ができない」で納得するんじゃなくて、動作や状況を細かく探るんですね。

そのとおり！ 入浴なら、脱衣はできるけれど着るのに支障がある、浴槽をまたぐことができないなど、支障の内容・背景を具体的に把握します。直接的な原因は次のⓒ欄に記します。背景を把握していれば、課題（ニーズ）が具体的になってくるのよ。

3. 下の表を参考に、支障の原因を明らかにしてⓒ欄に記します。

生活上の支障の原因の分類

（1）病気
①急性期の病気
②持病の進行
③痛みを伴う症状
④認知症
⑤精神疾患

（2）けが

（3）障害

（4）生活不活発病（廃用症候群）

（5）生活習慣

（6）悩み・不安等

（7）環境

（8）薬
①薬が合わない
②向精神薬のためなど

※医療面については主治医に相談しましょう。

チェック	検討が必要な具体的状況	原因
○	坐骨神経痛による左足痛みがあり、歩行に支障がある。	妹の死去（H00.2）によるショックから、左足の痛み（坐骨神経痛）が出て、外出も難しくなった。
○		
○	メニエール病・高血圧等の既往症	既往症。
○		
×	坐骨神経痛により、長い距離の歩行が難しい状態で、居住は2Fだが、お風呂が1Fと3Fにあるため、階段の上り下りなどの移動が大変で、入浴は以前の毎日から、月1度程度しかできていない。	坐骨神経痛による痛み。
×		
×		
○		
×		
○		
×		
○	坐骨神経痛の痛みも伴い、「調理」や「掃除」ができない。	坐骨神経痛
○		
×		
×		
×		
×		
×		
×		
×		
意欲 ○	坐骨神経痛による左足の痛みがあり、歩行に支障がある。	妹の死去（H00.2）によるショックから、左足の痛み（坐骨神経痛）がでて、外出も難しくなった。
○		
○		

チェック	検討が必要な具体的状況	原因
×		
×		
×		

4. ⓓのご本人、ご家族の意向を確認します。

ご利用者の生活上の支障と原因を把握したら、ご利用者やご家族の「どうなりたい」「どうしたいと思っている」という意向を確認します。「自分で歩けるようになりたい」「家事は自分でしたい」「ひとりでトイレに行きたい」のような、自立支援に沿った実現可能な意向を聞き出しましょう。ネガティブな意向が出てきたときでも、その言葉の裏にある希望を、ご本人・ご家族がみずから見いだせるように、よく耳を傾けていきましょう。

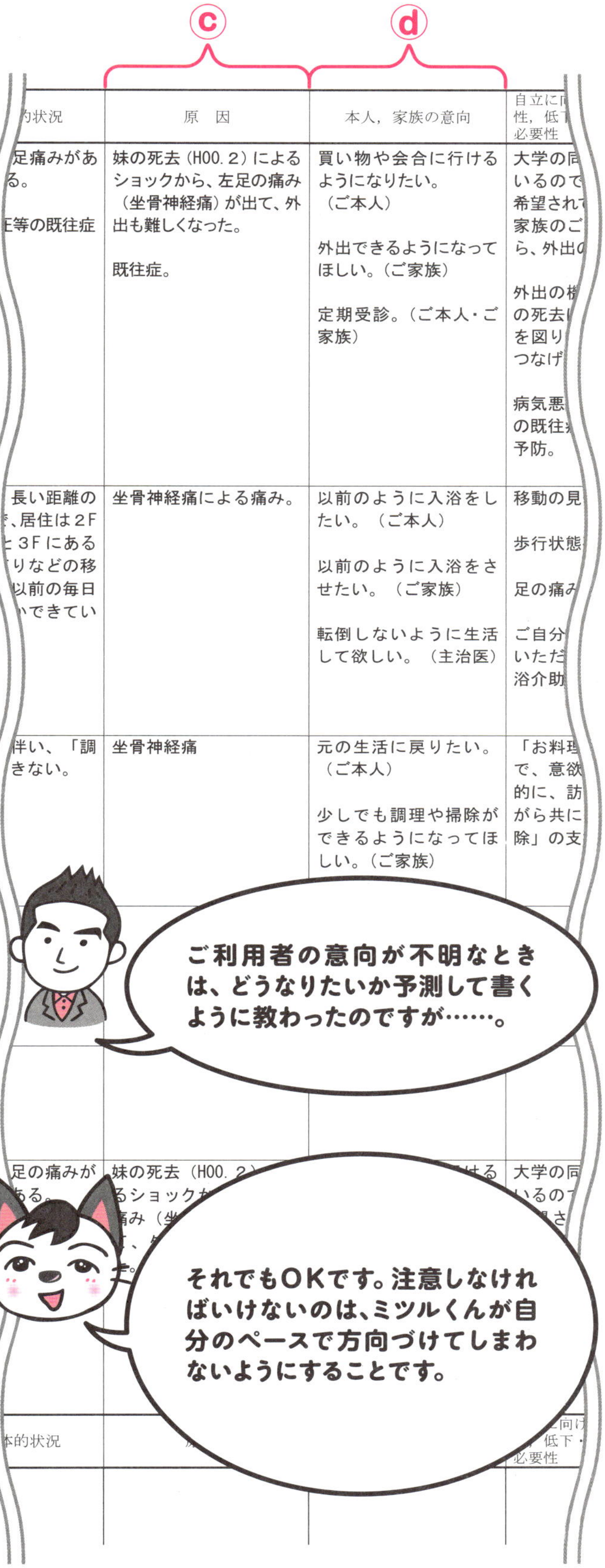

ご家族などから「動かさずに、寝かせたままにしてほしい」「早く施設に入所してもらいたい」といったネガティブな意向が出たときは、とりあえず傾聴しておきましょう。

自立支援につながる意向が聞き出せないときはどうすればいいんですか？

そういうときは、聞き方を変えてみるといいですよ。
例えば、「歩けるようになればいいんだけどね」⇒「ということは、できればまた歩けるようになりたいということですね！」

	ⓒ 原因	ⓓ 本人、家族の意向	
足痛みがある。E等の既往症	妹の死去（H00.2）によるショックから、左足の痛み（坐骨神経痛）が出て、外出も難しくなった。既往症。	買い物や会合に行けるようになりたい。（ご本人） 外出できるようになってほしい。（ご家族） 定期受診。（ご本人・ご家族）	大学の同 いるので 希望され 家族のご ら、外出の 外出の様 の死去 を図り つなげ 病気悪 の既往 予防。
長い距離の、居住は2Fと3Fにあるりなどの移以前の毎日いできてい	坐骨神経痛による痛み。	以前のように入浴をしたい。（ご本人） 以前のように入浴をさせたい。（ご家族） 転倒しないように生活して欲しい。（主治医）	移動の見 歩行状態 足の痛み ご自分 いただ 浴介助
伴い、「調きない。	坐骨神経痛	元の生活に戻りたい。（ご本人） 少しでも調理や掃除ができるようになってほしい。（ご家族）	「お料理 で、意欲 的に、訪 がら共に 除」の支

ご利用者の意向が不明なときは、どうなりたいか予測して書くように教わったのですが……。

それでもOKです。注意しなければいけないのは、ミツルくんが自分のペースで方向づけてしまわないようにすることです。

5. ケアの必要性を把握してⓔ欄に記入します。

　ご利用者の生活上の支障について、改善を目ざすのか、現状を維持するのか、悪化を防ぐのかなどに整理しましょう。それを「課題検討用紙」の「自立に向けた可能性、維持の必要性、低下・悪化の危険性、ケアの必要性」の欄に記入します。

（1）支障について、「改善・維持・予防」の可能性を検討します。

① 改善する可能性があるのか。
　→生活上の支障や機能低下が最近起きたもので治る見込みがあるときや、状態が安定している場合など。
② 今の状態を維持する方向性でよいのか。
　→支障が長い間変化していない場合など。
③ 悪化を予防する方向性でよいのか。
　→じょく創、失禁、筋力低下、拘縮、転倒などの危険性がある場合など。機能低下を遅らせることも含まれます。

（2）必ず行なわなければならない介護を確認します。

① 改善の可能性にかかわらず、生活するうえで必要になる介護を把握します。
② 主治医の指示のある医療的対応（病気の管理、観察、食事制限、薬の副作用、服薬の管理など）を把握します。

> お医者様は忙しい方が多くって、診療情報提供書をいただくのって、いつも遅れぎみになってしまうんです。

> そういうときは、ご家族に事前にご説明し、同意を得てご利用者の方の通院時に付き添って行って、直接主治医と話しましょう。その前に診療情報提供書が必要な旨を電話で話しておけばなおスムーズですよ。

	ⓓ 本人、家族の意向	ⓔ 自立に向けた可能性、維持の必要性、低下・悪化の危険性、ケアの必要性	生活全般課題（ニ
による足の痛み出て、外	買い物や会合に行けるようになりたい。（ご本人） 外出できるようになってほしい。（ご家族） 定期受診。（ご本人・ご家族）	大学の同窓会の役員をされているので、6月の会の出席を希望されていることを目標に、家族のご協力もいただきながら、外出の機会を増やす。 外出の機会を増やすことで妹の死去による精神的不安解消を図り、自信を持った生活につなげる。 病気悪化、ADL低下を防ぐための既往症や坐骨神経痛の悪化予防。	長い距しい状ように 健康を保活してい
る痛み。	以前のように入浴をしたい。（ご本人） 以前のように入浴をさせたい。（ご家族） 転倒しないように生活して欲しい。（主治医）	移動の見守り介助。 歩行状態確認。 足の痛みの確認。 ご自分でできることはやっていただくことを基本にした入浴介助。	歩行がかず、おと3Fに動や入必要。
	元の生活に戻りたい。（ご本人） 少しでも調理や掃除ができるようになってほしい。（ご家族）	「お料理はお得意」とのことで、意欲を引き出すことも目的に、訪問介護で体調を見ながら共に行なう「調理」「掃除」の支援。	掃除やで行なな状況。自立したい。

> 改善するのか、維持するのか、予防するのかの可能性を検討し、改善の可能性がない場合でも、生活上必要と思われる支援はなにかをここで整理しましょう。

）に左足のがでなっ	合に行けるりたい。（ご本人） 外出できるようになってほしい。（ご家族）	大学の同窓会の役員をされているので、6月の会の出席を希望されていることを目標に、家族のご協力もいただきながら、外出の機会を増やす。 外出の機会を増やすことで妹の死去による精神的不安解消を図り、自信を持った生活につなげる。	長い距しい状ように
	本人、家族の意向	自立に向けた可能性、維持の必要性、低下・悪化の危険性、ケアの必要性	生活全般課題（ニ

6. 生活全般の解決すべき課題(ニーズ)を把握します。

アセスメントの結果から、課題（ニーズ）を導き出しましょう。ⓔ欄の必要性や可能性をもとにご利用者・ご家族とよく話しあったうえで、できるだけ前向きな生活ができるように課題を設定します。

(1) 把握したアセスメントの結果を次のような分類で整理します。

① 生活上の支障・困っていること　⑤ 危険性
② 支障や困難の原因　　　　　　　⑥ 必要な医療対応
③ 希望や意向　　　　　　　　　　⑦ 必要な介護
④ 可能性

(2) ご利用者・ご家族とよく話し合い、その意向を反映して「○○したい」のように、実現可能なことを簡潔に表現します。

ご利用者の自立支援が基本ですから、「（本人が）○○できるようになりたい」「（本人が）○○したい」というように、ご本人を主語にした書き方になります。ご本人の自立への願いを引き出して、主体的・意欲的に取り組んでいく姿勢を書くわけです。

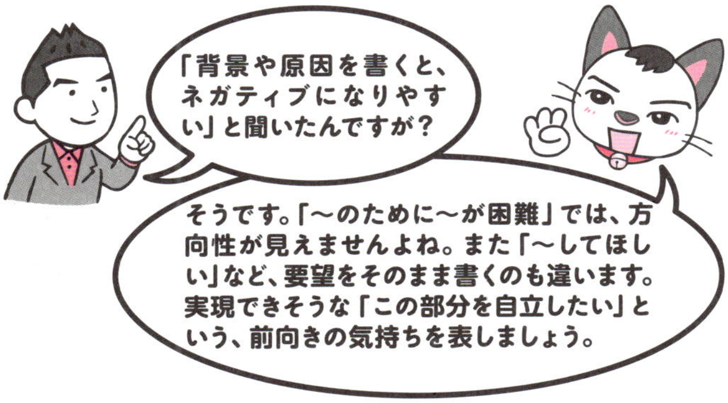

「背景や原因を書くと、ネガティブになりやすい」と聞いたんですが？

そうです。「〜のために〜が困難」では、方向性が見えませんよね。また「〜してほしい」など、要望をそのまま書くのも違います。実現できそうな「この部分を自立したい」という、前向きの気持ちを表しましょう。

自立支援に沿った表現例

● 歩行の訓練が必要である。
　→ **歩いて外出できるようになりたい。**
● ひとりでトイレに行けない。
　→ **ひとりでトイレに行けるようになりたい。**
● 筋力が低下したため、掃除機がかけられない。
　→ **手伝ってもらいながら、自分でできる家事を広げたい。**
● 独居で人とのかかわりが薄く、うつ傾向が進む可能性がある。
　→ **さまざまな人とかかわって楽しく過ごしたい。**

アセスメント・課題分析編

ⓔ 立に向けた可能性,維持の必要性,低下・悪化の危険性,ケアの必要性	ⓕ 生活全般の解決すべき課題（ニーズ）	ケアの方向性
大学の同窓会の役員をされているので、6月の会の出席を希望されていることを目標に、家族のご協力もいただきながら、外出の機会を増やす。外出の機会を増やすことで妹の死去による精神的不安解消を図り、自信を持った生活につなげる。病気悪化、ADL低下を防ぐための既往症や坐骨神経痛の悪化予防。	長い距離の歩行は難しい状態。外出できるようになりたい。健康を保ち、元気に生活していきたい。	ご家族による外出の際の車イスの使用（車イス貸与）ご家族による外出支援。診察・検査・薬の処方・生活指導。（支援）
移動の見守り介助。歩行状態確認。足の痛みの確認。自分でできることはやっていただくことを基本にした入浴介助。	歩行がスムーズにいかず、お風呂場が1Fと3Fにあるため、移動や入浴にも介助が必要。	入浴介助。（訪問介護）
「お料理はお得意」とのことで、意欲を引き出すことも目的に、訪問介護で体調を見ながら共に行なう「調理」「掃除」の支援。	掃除や調理がひとりで行なうことが困難な状況。以前のように自立した生活を送りたい。	ヘルパーと共に調理・掃除を行なう。（訪問介護）

ここまで記入してきたⓐ〜ⓔの内容のほか、話しているときのようすも含めて考えます。主治医の指示書をもとに、健康状態、心理・価値観・習慣、物的環境・人的環境、経済状況など、総合的に見て整理しましょう。ⓕの欄が、ケアプランをたてるうえでいちばん大切です。なぜなら答えは次のページへ。

立に向けた可能性,維持の必要性,低下・悪化の危険性,ケアの必要性	生活全般の解決すべき課題（ニーズ）	ケアの方向性

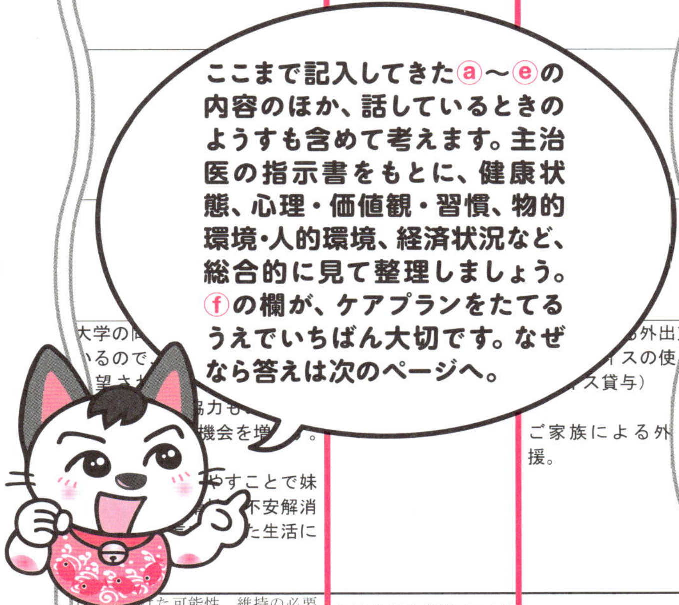

（3）本人の意向が取れない場合は、必要性を課題（ニーズ）にします。

必要性の表現例

- ●排せつ介助が必要です。
- ●床ずれの予防が必要です。
- ●日常動作のすべてに介助が必要です。
- ●通院介助が必要です。

（4）必要性が明らかで、家族の思いを反映させる場合は次のようにします。

思いの表現例

- ●お風呂に入れてあげたい。
- ●楽しく過ごす時間を持ってほしい。

ⓕ欄は、「サービス計画書」第2表の同名の欄に直結しています。つまり、「課題検討用紙」でケアプランのスタート地点に到着できるんですよ。

ここ！

生活全般の解決すべき課題（ニーズ）	長期目標	（期間）	短期目標
歩行がスムーズにいかず風呂場が1階と3階にあるため、移動や入浴にも介助が必要。	ひとりで入浴することができる。	H00.4/11 〜 H00.7/11	介助を受けて定期的に入浴することができる。
掃除や調理をひとりで行なうことが困難な状況。以前のように自立した生活を送りたい。	ひとりで調理することができる。	H00.4/11 〜 H00.7/11	できることを増やすことができる。
長い距離の歩行は難しい状況。外出できるようになりたい。	ひとりで外出することができる。	H00.4/11 〜 H00.7/11	外出する機会を増やすことができる。
健康を保ち、元気に生活していきたい。	体調管理ができる。	H00.4/11 〜 H00.7/11	定期的な受診により状態を知ることができる。

※1「保険給付対象かどうかの区分」について、保険給付対象内サービス
※2「当該サービス提供を行う事業所」について記入する。

そっかー！「課題検討用紙」を書くことの意味がわかってきました。

ポイントをしっかり押さえれば、きちんと課題を分析していけるということですね。

では、次のページで最後のまとめをしますよ〜。

7. ケアの方向性を決めて ⓖ 欄に記載します。

ⓕ欄でご利用者の「生活全般の解決すべき課題（ニーズ）」が明らかになったところで、どのようなケアを提供し、どのような目標に沿ってケアを進めていくのかがわかるようにします。整理して、課題検討用紙の「ケアの方向性」に記します。

例えば、
- お風呂に入れるようにします。
- 外出、交流し、楽しく過ごす機会をつくり、気分が改善できるようにします。
- 機能訓練により、下肢機能を改善するようにします。
- できるだけ早く、床ずれを治すようにしていきます。

などです。この段階ではサービスの種別は決まっていません。サービスを決めてしまうと、**サービスを使うためのプラン**になりかねないので禁物です。

「サービスを使うためのプランって……？」

「どんなサービスを提供するかは、ご利用者を総合的に見て、最高の効果を得られるように吟味して組み合わせるものよ。簡単にニーズとサービスを結び付けると、単にサービスをあてがうかたちになってしまうのよ。」

「あなたが書いたケアの方向性は、ご利用者の「生活への意欲」を引き出す力になりそうですか？
ご利用者やご家族が幸せな暮らしを実現できそうですか？
もう一度、見直してみましょう！」

ⓕ 生活全般の解決すべき課題（ニーズ） / ⓖ ケアの方向性

生活全般の解決すべき課題（ニーズ）	ケアの方向性
長い距離の歩行は難しい状態。外出できるようになりたい。	ご家族による外出支援の際の車イスの使用。（車イス貸与）
健康を保ち、元気に生活していきたい。	ご家族による外出支援。 診察・検査・薬の処方・生活指導。（医療支援）
歩行がスムーズにいかず、お風呂場が1Fと3Fにあるため、移動や入浴にも介助が必要。	入浴介助。（訪問介護）
掃除や調理がひとりで行なうことが困難な状況。以前のように自立した生活を送りたい。	ヘルパーと共に調理や掃除を行なう。（訪問介護）
行は難…できる	ご家族による外出支援の際の車イスの使用。（車イス貸与） ご家族による外出支援。

アセスメント・課題分析編

アセスメント・課題分析編

Tさんの「課題検討用紙」はこのようになりました。

ケアプラン策定のための課題検討用紙

利用者名：	T 様				
項目	細目	チェック	検討が必要な具体的状況	原因	本人，家族の意向
1.健康状態	① 既往歴	○	坐骨神経痛による左足痛みがあり、歩行に支障がある。 メニエール病・高血圧等の既往症	妹の死去（H00.2）によるショックから、左足の痛み（坐骨神経痛）が出て、外出も難しくなった。 既往症。	買い物や会合に行けるようになりたい。（ご本人） 外出できるようになってほしい。（ご家族） 定期受診。（ご本人・ご家族）
	② 主傷病	○			
	③ 症状	○			
	④ 痛み	○			
	⑤ その他				
2.ADL	① 寝返り	×	坐骨神経痛により、長い距離の歩行が難しい状態で、居住は2Fだが、お風呂が1Fと3Fにあるため、階段の上り下りなどの移動が大変で、入浴は以前の毎日から、月1度程度しかできていない。	坐骨神経痛による痛み。	以前のように入浴をしたい。（ご本人） 以前のように入浴をさせたい。（ご家族） 転倒しないように生活して欲しい。（主治医）
	② 起き上がり	×			
	③ 移乗	×			
	④ 歩行	○			
	⑤ 着衣	×			
	⑥ 入浴	○			
	⑦ 排せつ	×			
	⑧ その他				
3.IADL	① 調理	○	坐骨神経痛の痛みも伴い、「調理」や「掃除」ができない。	坐骨神経痛	元の生活に戻りたい。（ご本人） 少しでも調理や掃除ができるようになってほしい。（ご家族）
	② 掃除	○			
	③ 買物	×			
	④ 金銭管理	×			
	⑤ 服薬状況	×			
	⑥ その他				

24

使用した課題分析手法名：		
		アセスメント基準日　平成 00 年 0 月 00 日
自立に向けた可能性，維持の必要性，低下・悪化の危険性，ケアの必要性	生活全般の解決すべき課題(ニーズ)	ケアの方向性
大学の同窓会の役員をされているので、6月の会の出席を希望されていることを目標に、家族のご協力もいただきながら、外出の機会を増やす。 外出の機会を増やすことで妹の死去による精神的不安解消を図り、自信を持った生活につなげる。 病気悪化、ADL低下を防ぐための既往症や坐骨神経痛の悪化予防。	長い距離の歩行は難しい状態。外出できるようになりたい。 健康を保ち、元気に生活していきたい。	ご家族による外出支援の際の車イスの使用。（車イス貸与） ご家族による外出支援。 診察・検査・薬の処方・生活指導。（医療支援）
移動の見守り介助。 歩行状態確認。 足の痛みの確認。 ご自分でできることはやっていただくことを基本にした入浴介助。	歩行がスムーズにいかず、お風呂場が1Fと3Fにあるため、移動や入浴にも介助が必要。	入浴介助。（訪問介護）
「お料理はお得意」とのことで、意欲を引き出すことも目的に、訪問介護で体調を見ながら共に行なう「調理」「掃除」の支援。	掃除や調理がひとりで行なうことが困難な状況。以前のように自立した生活を送りたい。	ヘルパーと共に調理や掃除を行なう。（訪問介護）

「できないこと」の肩代わりではなく、「できることを増やす」ために、どうするかという視点が見えますね！

項目	細目	チェック	検討が必要な具体的状況	原因	本人、家族の意向
6. 社会との関わり	④ その他	×	坐骨神経痛による左足の痛みがあり、歩行に支障がある。	妹の死去（H00.2）によるショックから、左足の痛み（坐骨神経痛）が出て、外出も難しくなった。	買い物や会合に行けるようになりたい。（ご本人）

外出できるようになってほしい。（ご家族） |
	① 社会的活動への参加意欲	○			
	② 社会との関わりの変化	○			
	③ 喪失感や孤独感	○			
	④ その他				

項　目	細　目	チェック	検討が必要な具体的状況	原　因	本人、家族の意向
7. 排尿・排便	① 失禁の状況	×			
	② 排尿排せつ後の後始末	×			
12. 介護力	④ 頻度	×	ご長男ご家族がご同居ではあるが、主介護者のご長男のお嫁さんのお母様も介護が必要な状態で、定期的に名古屋に訪問をしなければいけない。

お嫁さんは、社会福祉士の資格取得のためにスクーリングに行くこともあり、日中ご本人が家でひとりになってしまう。

社会人・大学生のお孫さんはいるが、ご自宅に大学生のお孫さんがいても介護支援は難しい。

坐骨神経痛による左足痛みがあり、歩行に支障がある。 | 主介護者のご長男のお嫁さんが、ご本人とご自分のお母様のふたりの介護が必要な状況。

妹の死去（H00.2）によるショックから、左足の痛み（坐骨神経痛）がでて、外出も難しくなった。 | ご長男のお嫁さんに名古屋に行かせてあげたい。（ご本人）

名古屋に行く際に、義母は、日中はひとりで家で過ごすことになってしまうので、安心してひとりで過ごせるようになってほしい。（ご家族）

買い物や会合に行けるようになりたい。（ご本人）

外出できるようになって欲しい。（ご家族） |
	① 介護者の有無	○			
	② 介護者の介護意思	○			
	③ 介護負担	○			
	④ 主な介護者に関する情報	○			
	⑤ その他				
13. 居住環境	① 住宅改修の必要性	×	坐骨神経痛により、長い距離の歩行が難しい状態で、居住は2Fだが、お風呂が1Fと3Fにあるため、階段の上り下りなどの移動が大変。	坐骨神経痛

居住スペースの2Fから、お風呂のある3Fへの階段。 | 以前のように入浴をしたい。（ご本人）

以前のように入浴をさせたい。（ご家族）

転倒しないように生活してほしい。（主治医） |
| | ② 危険個所等 | ○ | | | |

大学の同窓会の役員をされているので、6月の会の出席を希望されていることを目標に、家族のご協力もいただきながら、外出の機会を増やす。

外出の機会を増やすことで妹の死去による精神的不安解消を図り、自信を持った生活につなげる。 | 長い距離の歩行は難しい状態。外出できるようになりたい。 | ご家族による外出支援の際の車イスの使用。（車イス貸与）

ご家族による外出支援。 |
| 自立に向けた可能性，維持の必要性，低下・悪化の危険性，ケアの必要性 | 生活全般の解決すべき課題（ニーズ） | ケアの方向性 |

「お料理はお得意」とのことで、意欲を引き出すことも目的に、ひとりで家で過ごすことができるように、訪問介護で体調を見ながら共に行なう「調理」「掃除」の支援。

大学の同窓会の役員をされているので、6月の会の出席を希望されていることを目標に、家族のご協力もいただきながら、外出の機会を増やす。 | 掃除や調理がひとりで行なうことが困難な状況。以前のように自立した生活を送りたい。

長い距離の歩行は難しい状態。外出できるようになりたい。 | ヘルパーと共に調理や掃除を行なう。（訪問介護）

ご家族による外出支援。

ご家族による外出支援の際の車イスの使用。（車イス貸与） |
| 移動の見守り介助。

歩行状態確認。

足の痛みの確認。

ご自分でできることはやっていただくことを基本にした入浴介助。 | 歩行がスムーズにいかず、お風呂場が1Fと3Fにあるため、移動や入浴にも介助が必要。 | 入浴介助。（訪問介護） |

実施指導のポイント

「自立への意欲を引き出そうとしている」かどうかが、ひとつのポイントになります。このような「課題検討用紙」に情報を整理しておくと、「課題（ニーズ）」と「ケアの方向性」を導き出す過程に説得力があります。Tさんの例では、外出や家事への意欲を聞き取っています。

実地指導での答え方例 〜アセスメント編〜

ケアマネジャーの仕事のやり方や考え方を具体的に確かめようとするのが実地指導です。自立支援の基本方針に沿って誠実に進めていれば、心配しすぎないでだいじょうぶ。でも、その場で慌てないようにポイントを押さえておきましょう。

> ご利用者やご家族から情報を収集する際は、具体的にどのように行なっていますか？

> 利用者の支援に必要な情報を引き出すために、アセスメントにおいて特に留意していることはどのようなことですか？

> ご利用者とは1対1で話を聞く機会を設けています。ご家族は、ご利用者の前では言いにくいことがあります。そこで、訪問の前に手紙やメモ、メールなどのやりとりをしたり、後日、お話をうかがう機会をつくったりして「アセスメントシート」に記入していきます。虐待防止の観点も重要ですのでご家族の状況も事業所やスタッフから確認するようにしております。入浴介助の際の全身観察の情報も収集し、問題がありそうなケースは、具体的に報告してもらうようにしています。

> 自立支援が目的ですから、"今までできていたのに、できなくなったこと"に着目して、極力、元の生活に戻れることを念頭に置くように留意しています。ご本人やご家族は、もう無理かな、高齢だし、ケアのプロに任せたほうがいいのかもしれないと、あきらめて"やってほしい"になってしまうことがあります。でも、例えば「今までひとりで入浴できていたのに、できなくなった」というところから、「本当は自分でできるようになりたい、できるようになるといい」という前向きな気持ちを持ってもらいたいと思っています。

> 🐾 ご利用者やご家族に、「なにをしてほしいですか？」ではなく「どんな生活に戻りたいですか？」のように、自立への意欲を引き出す聞き方をしているかどうかがポイントになります。初めは「調理ができないからつくってほしい」という要望だったのが、「調理ができるようになりたい」という姿勢に変わるように介護保険の「自立支援」の目的をご利用者、ご家族に説明し、理解を得られる努力が伝えられるよう、具体例として、アセスメントのときの質問が思い出せればベターです。

 **ご利用者の生活観、価値観、人生観などを含めた全体像のアセスメントを行なっていますか？**

 **ご利用者の状態悪化の防止または悪化のスピードを遅らせるために、どのような対応をしていますか？**

 "その人らしい生活""その人にとっての幸福"を実現するために、人生観や価値観を見通すのは必須のこととしています。同じ症状の方でも、集団でのレクリエーションを楽しめてリハビリ効果が出る方と、逆に気分を害されて意欲をなくされる方もいます。そのために、対面したときになにげない世間話などをしながら、生い立ちや兄弟姉妹、職業、趣味などの情報を得るようにしています。

 主治医から予後予測の情報をいただいて、アセスメントシートにもれなく書き込んでいます。さらにケアスタッフには「なにかあったら連絡してほしい」と言うだけでは、ご利用者のどこの、なにを見るのかわかりません。そこで、どんな点に特に注意するのか、下のような「気づきのポイント」を渡しています。1か月に1回はモニタリングを兼ねた報告書を事業所からもらい、ご利用者の情報を共有します。前回と比較してなにが変化し改善したか、改善や悪化の兆候が見つけられる情報共有態勢になっています。

🐾P 「話の踏み込み方については戦争体験など、ご利用者が思い出したくないというそぶりを見せる話題には、無理に踏み込みません。ただ何度もお会いし、人間関係ができてくると話してくださることもありますので、時間をかけて人間関係をつくる努力をしています」と、配慮していることを伝えます。

 **ご利用者の状態を改善するための課題（ニーズ）の把握について、得られた情報の分析をどのように行なっていますか？**

 「課題検討用紙」で分析をして、その結果を具体的にしてケアプランに落とし込むようにしています。「課題検討用紙」は、状況を整理して記録することで、ケアプランを振り返ることができるので、活用しています。

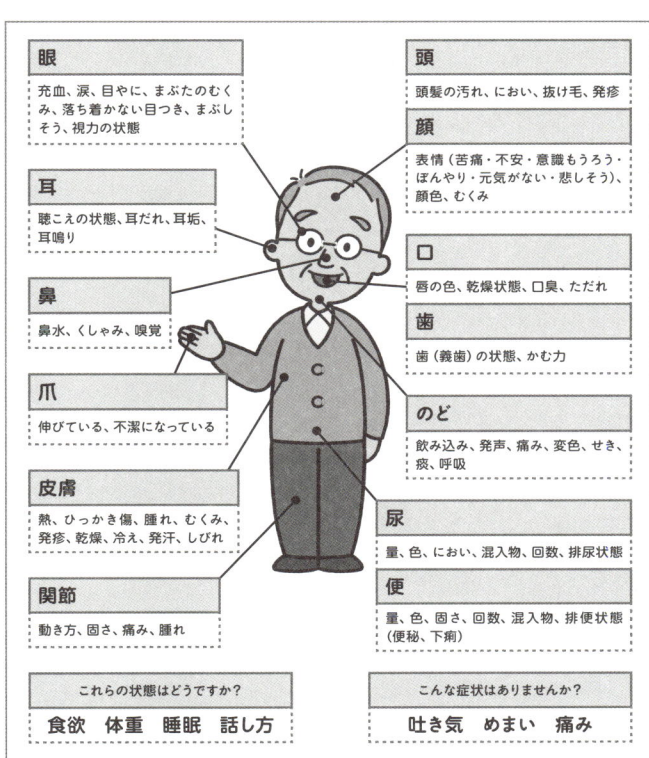

暫定ケアプランを活用しましょう！

暫定ケアプランは、要介護度認定申請中や区分変更申請中などのときに、結果が下りる前でもサービスを利用できるように使用されていますが、よりご利用者の実状に合ったケアプランづくりにも生かすことができます！　洋服作りに例えれば、暫定のケアプランは、みんなで仮縫いのチェックができるようなイメージ。今よりもっとご利用者に合ったプランができますよ！

1. 暫定ケアプランの目的は？

ひとことで言えば、ご利用者と初めておつきあいするとき、また、更新や区分変更などで介護度が確定していないときに、より目標を達成しやすいケアプラン、または仮のケアプランを作成します。通常、介護度が確定しているご利用者の場合、アセスメント→ケアプラン原案→サービス担当者会議→本プランという流れになります。どんなに優秀なケアマネジャーでも、初めてのご利用者のアセスメントで得られる情報は限られたもの。その後のモニタリングで修正するとしても、時間が経過してしまいます。「暫定」を活用すれば、サービス提供中のサービス事業者の生の意見を取り入れられるので、ご利用者の実生活や心身状態によりフィットしたケアプランができて、目標を達成しやすくなるのです。

「暫定ケアプラン」は、申請中などの場合だけじゃなくて、通常でも使えるんですね！

イメージは「原案＝ほぼ完成」、「暫定＝まだまだ仮」。この違いが大きい！　現場担当者の情報を反映させながら本プランがつくれるんです。

2. 暫定ケアプランの進め方は？

要介護度が決まっているご利用者の場合、アセスメントしていくつかの適切なサービス事業所のご提案などをして暫定ケアプランを立てます。そのときに「この仮のケアプランで2週間やってみませんか。その感想を聞かせていただいたうえでまた原案をつくりますから」と説明して同意を得ます。サービス担当者会議では「これは暫定ケアプランです。皆さんがかかわっていく間に、こうしたほうがいいというご意見が出ると思います。それを生かして原案をつくりたいと思いますので、2週間後にもう一度お集まりください」などと伝えます。

サービス開始後、各事業所からモニタリングを文書でもらい、ご利用者、ご家族のご意見をいただき、検討してケアプラン原案となる「サービス計画書」を作成します。ご家族に説明し、ご利用者の同意を得て、原案を検討するサービス担当者会議を開きます。ここでさらに検討して、本プランができます。このひと手間で、目標が達成しやすくなって、ご利用者、ご家族、サービス事業所、ケアマネジャーのみんなが参加型のケアプランができますよ！

> **Q** 要介護・要支援認定の新規申請、区分変更申請など、認定申請後に要介護度(要支援度)が確定するまでの間のいわゆる暫定ケアプランについては、どこが作成し、また、その際には、介護給付と予防給付のどちらを位置づければいいのでしょうか？
>
> **A** いわゆる暫定ケアプランについては、基本的にはこれまでと同様とすることが考えられます。したがって、要介護認定または要支援認定を申請した認定前の被保険者は、市町村の届け出のうえで、居宅介護支援事業者または介護予防支援事業者に暫定ケアプランを作成してもらい、または自ら作成し、当該暫定ケアプランに基づきサービスを利用することが考えられます。その際、居宅介護支援事業者(介護予防支援事業者)は、依頼のあった被保険者が明らかに要支援者(要介護者)であると思われるときには、介護予防支援事業者(居宅介護支援事業者)に作成を依頼するよう当該被保険者に介護予防支援事業者を推薦することが考えられます。
>
> また、仮に居宅介護支援事業者において暫定ケアプランを作成した被保険者が、認定の結果、要支援者となった場合については、当該事業者の作成した暫定ケアプランについては、当該被保険者が自ら作成したものとみなし、当該被保険者に対して給付がなされないことがないようにすることが望ましいです。
>
> なお、いずれの暫定ケアプランにおいても、仮に認定の結果が異なった場合でも利用者に給付がなされるよう介護予防サービス事業者および居宅サービス事業者の両方の指定を受けている事業者をケアプラン上は位置づけることが考えられます。

平成18年3月27日[介護制度改革informetion vol.80]平成18年4月改訂関係Q&A(vol.2)より引用

Tさんの暫定ケアプランはこのようになりました。

このとき、Tさんは介護度認定を申請中でした。時機を逃さずケアを受けるために、初回訪問から、暫定ケアプランを経てサービス開始までほぼ1週間というスピードでした。

自室が2階、浴室は3階を利用という環境が入浴のネックに。訪問介護で入浴の介助を受けることに。

ご本人の「元の生活に戻りたい」「元気に歩けるようになりたい」という意欲をくんだ方針がたてられました。

立ち歩きが困難なために、車イスの貸与や外出介助が組み込まれました。

生活リハビリのために、家事を任せきりにせずご本人も行なって、生活意欲が持続するようにします。これが効果を生むことになり、2か月後には友人と温泉旅行へ行くまでに回復。

2週間の暫定ケアプランでわかったこと。

- 食材の宅配曜日との兼ね合いから、調理の訪問介護の曜日を変更。
- もうひとつの浴室がある1階に自室を移す案が浮上、1階の浴室に手すりを付けることになる。
- 家族が不在の日が増えそうなことがわかり、ショートステイ利用も検討することに。

「サービス計画書」の第1表、第2表を作成していきましょう。

ケアプラン原案となる「サービス計画書」の作成は、ご利用者の元気になりたいという願い（課題）がかなう道を、具体的なステップにして提案することです。ご利用者に最善のサービスの組み合わせが提案できるように、地域のあらゆるサービス事業所やインフォーマルサービスの特色を把握しておきましょう。内容や人員は変更されることも多いので、日ごろから事業所やNPO法人などを訪れて、最新事情を仕入れておくのがコツ。ご利用者やご家族にも見学してもらうとわかりやすいでしょう。

アセスメントの結果から、課題検討をして、課題（ニーズ）が導き出されました。この課題設定の方向が違っていると、この先のプランも総倒れになってしまいます。
ケアプラン原案づくりで大切なことは、ご利用者の具体的な課題の解消・解決に近づく目標設定と、サービスの選択・組み合わせです。インフォーマルサービスの活用もケアマネジャーの腕の見せどころですよ。

あれ？第2表から先に書くんですか？

期間の目安はどれくらいを考えればよいのでしょうか？

短期目標は最も長くて3か月、長期目標は最も長くて認定の有効期間よ。でも長すぎないほうが目標を目ざしやすいわね。

そうです。まずは、第2表のここを記入してしまいましょう。この欄はどこから転記しますか？21・22ページでやりましたね。

はい！「課題検討用紙」ですね。

チェックポイント
・長期目標を段階的に分けた「身近で具体的な目標」になっているか。

利用者名　　T

生活全般の解決すべき課題（ニーズ）	目標		
	長期目標	（期間）	短期目標
歩行がスムーズにいかず、特に階段の移動が大変。入浴にも介助が必要。医師：転倒しないように注意して生活してほしい。	ひとりで入浴することができる。	H00.5/7〜H00.11/30	介助を受けて定期的に入浴することができる。
以前のように調理や掃除をひとりで行なえるようになりたい。	や掃除をすることができる。	H00.11/30	を増やすことができる。
長い距離の歩行は難しい状況。外出できるようになりたい。	ひとりで外出することができる。	H00.5/7〜H00.11/30	外出する機会を増やすことができる。

チェックポイント
・課題に対応した「最終的に目指す結果」、「達成可能な目標」となっているか。

チェックポイント
・アセスメントの結果、導き出されたニーズであり、自立を阻害する要因を解決するものとなっているか。
・課題表現は、具体的でポジティブに書かれているか。

「サービス計画書」第1表、第2表の書き方の流れ

● 目標を定めます。

課題（ニーズ）に対応した、実現可能な内容を設定します。自立支援の方向を持つようにしましょう。

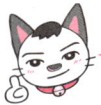

ポイントは３つ！

(1) 実現可能で、モニタリングしやすい目標にします。

●3mぐらい自力で歩けるようになる。
●自力で普通食がとれる。
●ご家族以外の人と会話する機会が増える。

(2) ご本人の目標にします。(事業者やご家族の目標は×)

「(本人が) ～できる・する」のように本人主体にします。
●歩行介助をする。→安全に歩ける。
●床ずれを治す。→床ずれが治る。
●趣味の会に参加を促す。→趣味を楽しむ。

(3) きれいな言葉ですませず、具体的な目標にします。

抽象的な言葉は、人によって受け取り方が違うのでサービスの目的があいまいになってしまいます。また、サービス前後の効果が比べにくくなります。
●その人らしく暮らせる。→趣味の○○ができる。
●穏やかに過ごせる。→△△の不安がなくなる。

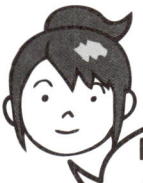

「モニタリングしやすい」ということは……？

サービス開始前と後でどう変化したか、あるいはどう維持（悪化予防）できたかが比べられると、効果がわかるでしょう。数値化するなど、具体的な目安をつくるということです。

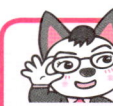

サービス内容に関するチェックポイント

・短期目標を達成するための具体的な生活目標に基づいたサービスになっているか。
・介護保険制度だけでなく、他制度によるサービスや家族の支援を含むインフォーマルサービスなどが記載されているか。また、医療系サービスが必要な場合、医師の意見を求めるなど適切にサービスに盛り込まれているか。
・サービス担当者会議で合意した内容について、具体的に記載されているか。
・生活援助中心型の場合や通所サービスで加算がある場合など、必要な理由が記載されているか。福祉用具購入や住宅改修なども記載されているか。

居宅サ

作成年月日　平成○○年○

歩行が困難で、入浴には2階から3階まで上がらないといけない環境ですが、歩行介助を受けながら自宅での入浴を選択しています。

	援助内容					
（期間）	サービス内容	※1	サービス種別	※2	頻度	期間
H00.5/7～ H00.7/31	移動の見守り介助。 歩行状況の確認。 足の痛みの確認。 入浴介助。	○	訪問介護	●●ケア	週1回	H00.5/7～ H00.7/31
	風呂場へ手すりを設置。	○	住宅改修	●●●● パートナー		
H00.5/7～ H00.7/31	ヘルパーと共に調理と掃除を行なう。	○	訪問介護	●●ケア	週1回	H00.5/7～
H00.5/7～ H00.7/31	外出介助		家族	家族		
	車イス貸与	○	福祉用具貸与	●●●●		

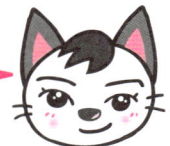

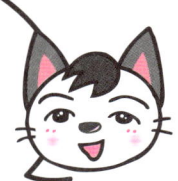

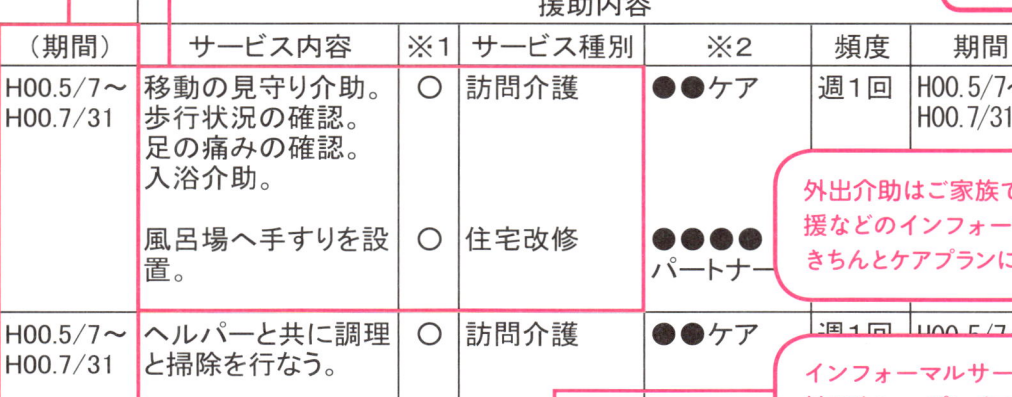

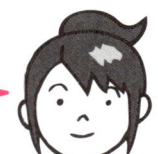

外出介助はご家族ですね。家族の支援などのインフォーマルサービスも、きちんとケアプランに書くんですよね。

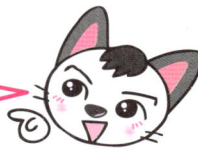

インフォーマルサービスはご家族以外にもいっぱいあるんですよ。例えば、生協やコンビニの宅配などもそう。じょうずに利用するのがケアマネジャーの力の見せどころです。
⇒詳しくは次のページへ。

- **サービス内容を決めます。**

課題ごとに目標を達成するために、ご利用者がどんなサービスを受けられるのかをわかりやすく書きます。

 **例えば**

調理を介助、通院付き添い、入浴介助（リフト）、更衣介助、更衣見守り、歩行訓練支援、服薬確認など。

- **サービスと事業者、利用頻度、期間設定をします。**

ご利用者にはイメージしにくいサービスの具体的な形や事業所の特色をわかりやすい言葉で説明、提案します。

 **ポイントは以下２つです**

（1）選ぶためのメリットとデメリットを説明します。

「お風呂はどのように入りたいですか？ 浴槽を持ってきてもらうと……、デイサービスを利用すると……」など。

（2）理由を説明できるように、回数を定めます。

目標の達成とご利用者の事情に合わせて、サービスの回数や頻度を決めます。提案の理由も説明しましょう。

- **第1表の「総合的な援助方針」を設定します。**

「課題検討用紙」の「ケアの方向性」を確認しながら、ケアマネジャーと各サービス担当者が、どんな方針でご利用者を支援していくかをわかりやすく書きます。

 **以下の３つをチェック**

（1）援助の方針は、サービス提供者の方針です。
（2）ニーズと目標の内容を整理して、「〜できるようにします」「〜を支援します」のように書きます。
（3）緊急事態があり得るときは、緊急時の対応機関や連絡先などを明記します。

ケアプランの原案とは？

利用者ご本人（ご家族）と話し合って、担当するサービス事業者とも調整を済ませ、双方の内諾をもらっている「サービス計画書」が「ケアプラン原案」です。事業所の受け入れ態勢などの問い合わせや、ご本人との具体的な相談は腹案をつくりながら進めましょう。

インフォーマルサービスの例

※地域によってサービスの内容は異なります。

○市町村の保健師等が居宅を訪問して行なう指導・教育等の保健サービス

○老人介護支援センターにおけるソーシャルワーク（レクリエーション支援など）

○校区社会福祉協議会のサービス（配食サービス、外出の付き添い、見守りなど）

○市町村が一般施策として行なうもの（配食サービス、寝具乾燥サービス、おむつ代補助、介護タクシーなど）

○ＮＰＯ法人やボランティアによるサービス（寄り合い所運営、傾聴、出張理美容など）

○民生委員、町内会、老人クラブ、婦人会等によるサービス（見守り、緊急時通報、会食など）

○家族、友人、隣人などによる支援（送迎、付き添い、生活支援など）

第1表　居宅サービス計画書（1）

作成年月日

初回　紹介　継続　　　　認定済　申請中

Tさんの「居宅サービス計画書」第1表です。「利用者の意向」「ご家族の意向」、「総合的な援助の方針」は暫定時（P.31）と同じですが、4月26日に介護度変更の認定が下りて、「要介護2」となったのがわかります。

住所　東京都●●市●●町

居宅サービス計画

居宅介護支援事業者

居宅サービス計画作成（変更）

初回居宅サービス計画作成日　平成〇〇年4月5日

認定日　平成〇〇年4月26日　　認定の有効期間　平成〇〇年4月1日～平成〇〇年3月31日

要介護状態区分	要介護1	要介護2	要介護3	要介護4
利用者の意向	元の生活に戻りたい。なんとか元気になり買い物や会合などに行けるようになりたい。			
ご家族の意向	外出できるようになってほしい。			
介護認定審査会の意見及びサービスの種類				
総合的な援助の方針	本人の生活に対する意欲を尊重し、自立支援を念頭にサービスを調整していきます。　緊急連絡先：Y　様　000-0000-0000			
生活援助中心型の算定理由	1. 一人暮らし　　2. 家族等が障害、疾病等　　3. その他（　　　　　　）			

同意年月日　〇〇年5月7日　　署名　　　　　　　　　　　　　　　　　印

チェックポイント
ご利用者・ご家族がどのような生活をしたいと考えているかについて、それぞれの意向がそのまま記載されているか。

チェックポイント
・具体的な生活目標となっているか。ケアチームとしての総合的な方針になっているか。
・アセスメントにより抽出された課題に対応しているか。

チェックポイント
・本人または家族の同意の年月日・サインがあるか。
・生年月日、認定日、認定の有効期間などの内容が正しく記載されているか。
・変更や更新時に、新規の内容をそのままにしていないか。

●実施・給付請求をしてはいけない訪問介護サービス一覧

1. 居宅サービス計画書（ケアプラン）、訪問介護計画書に記載されていないサービス
2. 過剰な生活援助（1日2回または週3回以上の生活援助）
3. 同居家族がいるご利用者への生活援助
4. 見守りのみのサービス
5. 緊急性のないサービス時間の延長
6. 本来予定されていたサービス内容を実施できない場合（この場合はサービス中止。独自の判断で代替サービスを実施してはいけません）
7. 病院内での介助
8. 公園・図書館・行楽地への外出介助
9. ご利用者のお宅に一度も立ち寄らないサービス（病院から別の病院への通院介助など）
10. 散歩
11. ご利用者以外の方へのサービス
12. 日常生活の支援に該当しないサービス（洗車、ペットの世話、窓ガラス拭き、大掃除など）
13. 訓練（リハビリ）　医療行為

※原則、下記の項目は、介護保険制度の中では実施してはいけません。ただし、「行政の許可があれば実施することが可能な場合」もあります。

実地指導でもチェックされるよ！

実地指導での答え方例
～「サービス計画書」第1表、第2表編～

ガンバります！

ケアプランでは、目標の設定や、サービスの選択・組み合わせが「適切」であるかがよく問われます。ケアマネジャーのふだんの考え方や、ケアプランの流れをその場で説明できるように、備えておきましょう。

課題に応じて多職種がかかわりを持つケアプランとなっていますか？ また、それぞれの役割分担は、どのようになっていますか？

ケアプランの目標を設定する際は、どのような配慮をしていますか？

地域包括ケアの理念に基づいて、医療と福祉の連携を図り、ご家族ほか多くの方に参加していただけるケアプランをたてています。医療の部分は病気や症状が進行しないようにするサポーターであり、福祉の部分の介護では、生活の充実、生活活動によるリハビリ、転倒予防などのサポーターになります。またご家族が通院の付き添いを担当、社会資源活用の観点から地域の婦人会による配食サービスや見守りなど、人間関係の広がりを考えながら、ご利用者を多方面から支えるプランになるように配慮しています。

ケアプランの解決すべきニーズから最終的なゴールを長期目標としています。ご利用者やご家族、職員がいっしょにかなえていけるような具体的で近いゴールを短期目標とし、さらに日々の生活でクリアしていけることを目標として掲げるように配慮しています。

目標設定のポイント

なにを確かめようとする質問なんですか？

実現可能なゴールを設定しているか。夢物語のゴールを設定して必要以上にサービスを増やしていないか、自立支援の考え方に沿っているか、ケアマネジャー自身の口から聞きたいのです。

昔は「困っていることをお手伝いで解決してあげるケアプラン」が多かったようですね。今は「参加型」ですからね！

多職種とのかかわり

医療、福祉、インフォーマルサービスとチームを連携できているかどうかがひとつのポイントです。日ごろから地域行事や社会福祉協議会などにも顔を出すなど、インフォーマルサービスの開拓に務めましょう。

短期・長期目標を設定する場合、特に留意していることはなんですか？

ご利用者、ご家族、介護者の三者が長期目標を「夢物語」にしてしまわないことです。そのために最終ゴールまでの段階を細かく区切って、達成可能な短期目標を設定するようにしています。ひとりでの入浴が最終ゴールなら、まず立ち上がり、次は湯船の縁をまたげる、自分で洗えるところを増やすなどです。最終的に家族の援助で入浴できる、次にひとりで入れるというぐあいに、介護サービスが必要なくなるのがゴールだと考えています。

入浴動作の自立ステップ

かがんで足まで手が届くようになる

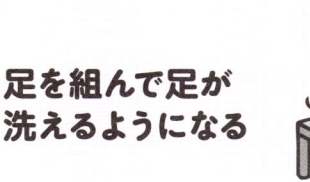

足を組んで足が洗えるようになる

長柄ブラシなどを利用して足が洗えるようになる

ご利用者の安全確保を念頭に置いたケアプランとなるように、どのような状態を見守るのか、危険な状態のときにどのようなかかわりをするのかといった手順などについて事前に話し合い、意思決定を行なっていますか？

その日のバイタルの確認、体調面に配慮しながら声かけするといった点や、特に注意する点もケアプランに入れています。また、住居の安全面も事前に現場確認をしています。段差など危険個所をチェックして、担当者に注意を呼びかけています。受け持った人にその視点がなかったら、間違いが起きることもありますから。万一危険な状態になったときの手順についても、サービス担当者会議で話し合い、認識の統一を図っています。

サービス計画書編

サービス担当者会議を開催しましょう。

ひとりのご利用者を元気にするために、ケアマネジャーといろいろな人がチームを組んでケアプランにかかわります。チームが成果を上げるには、目的や方法を「共有する」のが大事！事前準備をしっかりとして話し合いを進行しましょう。

1. 参加するのはだれ？

ケアマネジャーはもちろん、ご利用者本人とご家族、ケアプラン原案にある各サービス担当者と主治医です。民生委員などインフォーマルサービスの担当者にも参加してもらうこともあります。当日、参加できない担当者には、電話や照会、訪問で意見交換をしておいて、記録に残し、会議のあとも書面でプランの合意事項を伝えたり、サービス役割の確認をしたりすることが必要です。

2. なにを話し合うの？

目的は、ケアプラン原案の内容を、それぞれの専門的な立場から検討してもらって、よりよいものに仕上げていくことです。その場で話し合うことで、ご利用者やご家族の思いなども全員が情報を共有することができます。

ポイントは以下の6つ！

①利用者ご本人、ご家族の意見、希望を確認します。
②医学的留意事項を確認します。
③各サービス担当者がそれぞれの立場から意見を述べ、不足情報を補います。
④ケアプランの合意事項とサービス役割の確認を行ないます。
⑤利用者ご本人（ご家族）の了解なしには、決定、実施されません。
⑥規定の様式「サービス担当者会議の要点」に内容を記録します。

ケアプラン原案となる「サービス計画書」第1表、第2表、「週間サービス計画表」第3表は、ご本人（ご家族）の了解を得てから、会議参加者に渡しておきましょう。

3. 進め方は？

事前準備として、参加者があらかじめ検討のうえ参加できるように、ケアプラン原案を配布しておきます。
当日は、「ただ今から、○○さんのサービス担当者会議を始めます」とあいさつし、参加者紹介後、会議の主旨を説明します。次のように進行するとスムーズです。

▼

1 「サービス計画書」第1表を説明します。

①ケアプラン策定理由を説明します。
②ご利用者（ご家族）が意向を発言します。言いにくそうなら「〜とおっしゃっていましたね」と話しを向けましょう。

2 課題分析（アセスメント）の結果を説明します。

①アセスメントの分析結果と導き出された課題（ニーズ）を説明します。
②ケアマネジャーとしての意見を言います。
③参加者から意見や質問を受けて答えます。

3 「サービス計画書」第2表を説明します。

①長期と短期の目標を説明します。
②具体的なサービス内容と役割分担を説明します。
③参加者からの質疑応答。

4 ケアプランを確定します。

①サービス内容を確認します。
②総合的な援助の方針を確認します。
③モニタリングの方法と時期を確認します。
④連絡方法を確認します。
⑤ご利用者（ご家族）の同意を書面でいただき、ケアプランを確定します。

▼

「以上、内容について合意を得られましたので、この介護計画に基づいて介護サービスを行ないます。実施して不都合があれば改善・変更いたしますので、ご意見をいただければありがたく思います。本日はありがとうございました」などのあいさつをして閉会します。

● サービス担当者会議のイメージ図

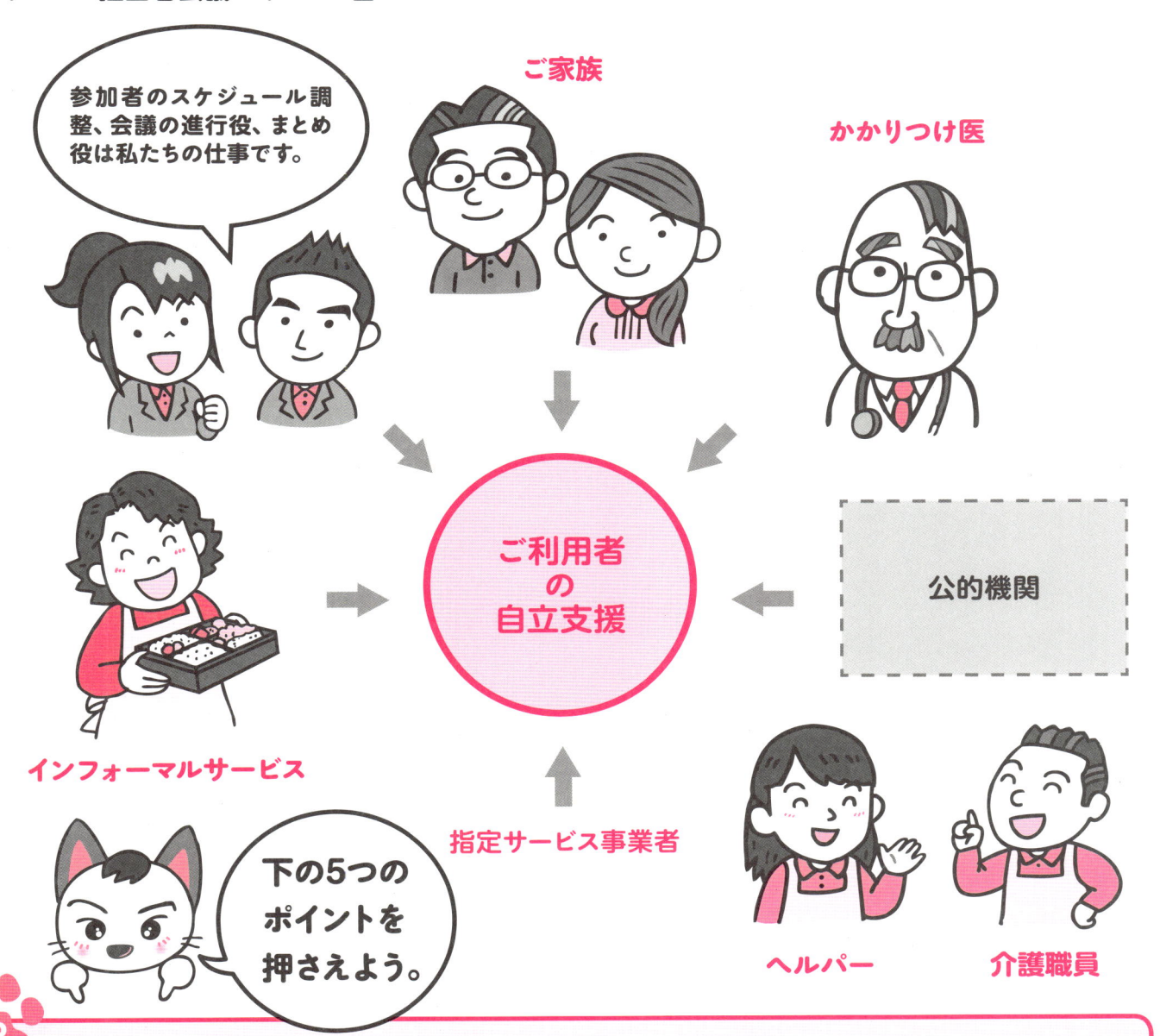

「参加者のスケジュール調整、会議の進行役、まとめ役は私たちの仕事です。」

ご家族

かかりつけ医

インフォーマルサービス

ご利用者の自立支援

公的機関

指定サービス事業者

ヘルパー　介護職員

「下の5つのポイントを押さえよう。」

1. サービスの調整は事前に済ませ、内諾を得ている案を用意します。会議の場で内容や回数を決めるつもりではダメ。とはいえ、その場での意見は謙虚に聞きましょう。

2. ご利用者に理解しやすいように、専門用語は避けること。なにについて話しているのか、理解しやすいように、そのつど要点を整理しましょう。

3. ご利用者やご家族の呼称に気をつけます。ご本人を前に「ご本人」、息子さんを前に「ご長男」、ふだん呼ばないのにこのときだけ「○○様」……、いずれも失礼です。

4. 開催日まで余裕を持って召集します。開催の直前に知らされたのではだれでもスケジュールを調整しにくいもの。早めに知らせれば、多用な人でも都合をつけやすくなります。

5. ご利用者の自宅で開催すると、ご本人が参加しやすく、出席者もご本人の環境がわかりやすいという利点がありますが、気を遣わせないように配慮しましょう。会議時間が長引かないようにする、茶菓子を辞退するなど、ご負担を減らしましょう。

「サービス担当者会議の要点」を記入しましょう。

ここで、会議の内容をしっかり整理しておかないといけないんですね！

会議の進行をしながら、発言の要点をメモし、整理して「サービス担当者会議の要点（第4表）」に書き写します。時間を置かず、即座に作成するのがコツ！

Tさんの1回目のサービス担当者会議の要点（第4表）

第4表　サービス担当者会議の要点　　作成年月日　平成○○年○月○○日

チェックポイント
・必要な時期に実施しており、開催日がサービス開始前であるか。

チェックポイント
・開催の目的や検討した項目がわかりやすく箇条書きで記載されているか。
・（欠席者がある場合）適切な時期に欠席者全員に照会され、回答については氏名がきちんと記載されているか。また、回答内容は、検討項目に対応したものであるか。

チェックポイント
・利用者、家族、主治医を含め、関係するサービス担当者が出席しているか。
・（欠席者がある場合）参加できなかった理由が事業者ごとに記載されているか。
注：欠席者への照会は、別表としている場合もある。

利用者名　　　　　　　　　　　　　　　　　　　　計画作成者（担当者）

開催日　○○年4月23日　　開催場所　自宅　　　　10:00〜11:00

会議出席者	所属（職種）	氏名
	本人	○○○○　様
	家族	○○○○　様
	姪の次女	○○○○　様

検討した項目	暫定プランの見直しについて ① 現在の状況について ② 生活に対する意向 ③ サービス内容について

チェックポイント
・検討項目ごとに記載されているか。

① 訪問介護を利用したことで入浴できる回数が増えた。状態が徐々によくなり表情が明るくなってきた。
② 生活スペースを現在の2階から1階へ移し、生活しやすいようにする方向。今後、日中家族が不在になることも考えられるため、ショートステイの利用も視野に入れたい。
③ 1Fにも浴室があり、安全確保と自立支援の目的で、手すりの設置が必要。（介護保険住宅改修）
現在、火・木に訪問介護が入っているが、木の夕方に生協の食材が届くため、木を金に変更したほうが食材準備の関係もありちょうどいいとのこと。調理時間を1時間、掃除を30分の割合でサービス予定。

結論	GW後に訪問介護の予定を火・金に変更。 4/26認定審査会。要介護であれば、計画作成依頼を役所に届ける予定。 次回7/30　10:00カンファレンス予定。

2週間の暫定ケアプランでわかったことが会議で検討されました（P.31参照）。

次回の開催日も決めておきましょう。

チェックポイント
・検討項目に対応した結論が具体的に記載されているか。

自立支援を目的にサービス提供を行ない、状況を見ながら今後の計画を検討していく。
【次回開催日】H00.7/30

（次回の開催時期）
重要なことや印象的なことは発言をそのまま記すと具体的になり、強調できます。作成した「サービス担当者会議の要点」も、ご利用者や参加者に配布して、結果を共有するようにしましょう。

サービス担当者会議を経て、ご利用者の同意を得たら、いよいよ本プランがスタートです！

チェックポイント
・利用者や事業所の都合で実施できなかったサービスや、必要と思われるが実施できていないサービスなどについて記載されているか。
・サービス提供で問題が変化するなどの予測がつく場合は、次回の開催について記載しているか。

> こんな、ちょっとした心がけで、発言が活発になりますよ。

①意見や考えを自由に言える雰囲気づくり。

- 威圧的な人がいると、発言しづらいですよね。

- どんな分野でも、よい仕事をする人は謙虚で人の意見に耳を傾けるもの。ケアマネジャー自身も自信を持ちつつ「自分はこう考えたけれど、ぜひ意見を聞かせてほしい」という気持ちがあれば違ってくると思いますよ。

②発言に納得できなくても、否定しない。

- そういえば、つい「それは違うのでは？」と言ってしまって、話し合いがこじれそうになることが……。

- 穏やかにね。「○○さんは、〜とお考えなのですね」というふうに、相手の発言を一度受け止めて、そのあとで、「なぜそうお考えになったのでしょうか？」と根拠を聞けばいいのです。その根拠を検討しましょう。

③納得してもらえるよう、発言には理由をつける。

- 会議を短時間にしたくて、説明が簡単になってしまうこともありますが……？

- 全員がもうわかっていることなら、それでいいのよ。新しい提案とか、重要なことで、「ここは納得してほしい！」ということは、説得材料を用意しておきましょう、ということよ。

④話している人を見て聞く。

- メモに夢中になると忘れるので、気をつけています！

- コミュニケーションの基本ですからね。きちんと顔を見て、耳を傾けましょう。そしてケアマネジャーは、ご利用者やご家族が理解できているかどうか、表情などで確認しながら進行しましょう。

〜アキネコのおば・Tさんの場合 後編〜

おばが立てなくなり、暫定プランでサービス開始の3週間後、サービス担当者会議を開いて再検討しました。その結果、ヘルパーさんに手伝ってもらいながら家事をするなどでリハビリ効果が出たことがわかりました。気分がよいときは外に出たいという意欲も出ています。

そこで、1時間半の外出支援が追加になりました。入浴に関しても、息子さんが手伝える曜日がわかってきたので、曜日を変更。おばも「歩けるようになる」と希望を持てるようになって明るくなったので、本当によかったです。やり方によっては、そのまま寝たきりになりかねないところでしたから。

「○○のお寿司屋さんで快気祝いをしましょう！」と誘うと、さらに元気が出てきて、外出用の服を考えるなど、生活に張りが出てきました。だれでも、ちょっと先の楽しみや、おしゃれ心を刺激されると元気になりますよね。

おばにサービス提供をしてくれている事業所のヘルパーさんは、私にもメールで随時報告してくれて、ようすがよくわかります（P.46〜47参照）。おばには電話でおしゃべりをしながらようすを聞いているんですが、今度は口紅のお土産を持って行こうかなと思っているんですよ。

> 会議で決定したことが、適切に実施されていて、ご利用者の生活が順調に進んでいるかのチェックもまめに行ないましょう。「支援経過表」への記入も忘れないで！
> →P.44

サービス担当者会議編

実地指導での答え方例
～サービス担当者会議編～

どんな点を聞かれるの？

ご利用者をサポートする担当者がみんなで意見を出し合って、目標を目ざしていくのがチームケアです。だれもが意見を出しやすいように、配慮しているかどうかも問われます。

サービス担当者会議の開催頻度や出席者はどのようになっていますか？ また話し合われる内容は、どのようなことですか？

全員が暫定ケアプランをたて、人数分をコピーして、全員で検討します。話し合う内容は、目標のたて方、安全面の配慮をはじめとして、その人らしさを確保するための情報の共有などです。出席者は各事業所のサービス担当者、主治医、訪問看護師、ご家族になります。開催頻度は、サービス開始時は1か月に2回ほど、そのあとは3か月後くらいに行なっています。

サービス担当者会議にはみなさんが出席されますか？ 出られない方にはどうしていますか？

出席できない方には、事前にモニタリングをいただいています。さらに個別で訪問したり、こちらに来ていただいて、個別に指導させていただいています。（指導記録を見せる）

ヒヤリ・ハットが起きたときの報告や対策はどのように行なっていますか？

事業所から書面で報告をもらい、その場でどんな対応をしたのかということと、事業所のマニュアルの確認をします。そのあとご家族に対応します。ご家族と事業所とで話が食い違う場合は、再度事業所に確認し、場合によっては事業所のカンファレンスに参加して情報の共有を図ります。単なるおわびではなく、再発防止にケアマネジャーがかかわっていくことが重要だと思っています。

P

サービスを継続しているご利用者のケアプランの場合、軽微な変更なら会議を開かなくてもいいのですか？

ご利用者の状態に大きな変化がない場合はね。サービスの曜日を変える程度なら担当者への照会でもいいでしょう。でも利用回数の変更は「軽微な変更」ではないのよ。ご利用者の状態に変化があるから、回数を変えるわけだから。「軽微」にあたるかどうか、迷ったら、行政の窓口に問い合わせるのがいちばんよ。⇒P.90～91参照

> ご利用者の状況の変化に即応し、高齢者虐待や身体拘束のリスクについて、ご家族への説明を行なっていますか？

身体拘束は法律で禁止されています。「安全」を理由に身体拘束するのは、介護者が主体の介護になります。夜中にベッドから起きようとする危険があるなら、日中起こして活動するようにめりはりを付ければ、夜は熟睡できるはずです。失禁についても、加齢なのか、精神的なものか、病気によるものか、原因を見つけることでダメージを少なくできます。
ご家族や介護者、職員など、かかわる人に不安があると虐待に結び付きやすくなります。ご家族には、福祉専門職がよく話を聞いて、不安を受け止めることで、落ち着きを取り戻してもらうようにしています。

高齢者虐待の定義

Ⅰ 身体的虐待
高齢者の身体に外傷が生じ、または生じるおそれのある暴力を加えること。

Ⅱ 介護・世話の放棄・放任
高齢者を衰弱させるような著しい減食、長時間の放置、養護者以外の同居人による虐待行為の放置など、養護を著しく怠ること。

Ⅲ 心理的虐待
高齢者に対する著しい暴言または著しく拒絶的な対応、その他、高齢者に著しい心理的外傷を与える言動を行なうこと。

Ⅳ 性的虐待
高齢者にわいせつな行為をすること。または高齢者をしてわいせつな行為をさせること。

Ⅴ 経済的虐待
養護者または高齢者の親族が当該高齢者の財産を不当に処分すること。その他、当該高齢者から不当に財産上の利益を得ること。

サービス担当者会議編

> 虐待はなによりも予防と早期発見が重要です。ご家庭で起きる虐待では、第三者が介入することが、加害的なご家族も窮地から救うことになります。サービス担当者にも予防と早期発見の意識を持ってもらうようにしましょう。

「支援経過表」を書きましょう。

ケアマネジャーがいつどんなことをしたかが、よくわかるのが「支援経過表」です。「言った・言わない」などの行き違いの防止や、身に覚えのない誤解からケアマネジャーであるあなた自身を守ることにもつながります。明確な書き方を身につけましょう。

1. 目的は?

目的はケアマネジャーが実践したケアマネジメントのすべての記録を残すことにあります。

- 日記のように考えてもいいの?
- 第三者が見て、経過がわかりやすいことが大事。自分だけわかればいい日記とは違います。
- 実地指導でもチェックされるんですか?
- 「月1回、ご利用者宅に訪問して面接をしているか」「サービス担当者会議の招集をいつ行なっているか」などの記録をチェックすることも。基準に則したケアマネジメントをしているかの判断資料になりますよ。

2. いつ、どの段階で記録していくもの?

介護支援の受付をしたときから書きましょう。最初から記す習慣にすれば、ちょっとした情報などもここに整理・保存できます。行動や連絡などは、その日のうちに書くのがいちばんです。

- メモにしておいてあとでまとめて書こうとすると、意外とメモが不完全で困るんですよね。自分の走り書きが、日がたつと読めなくなったりして……。
- そうでしょう! この表は考え込んで書くものじゃないし、そのときのあるがままのマネジメントの姿を記していいのだから、記憶が新鮮なうちに、なるべくその日のうちに書きましょう。

3. 書き方のポイントは?

- 初めは、詳しく書きすぎてよけいわかりにくくなっちゃって……。
- 詳しく書きたいときは別紙にしてもよいけれど、整理して書いたほうがあとで見やすいわよ。基本的に「いつ」「だれが」「なにを」「どのように」行なったのか、「それによってどうなったのか」などを整理して書きましょう。5W1Hを意識すればいいのよ。覚えてる?
- When(いつ)、Where(どこで)、Who(だれが)、What(なにを)、Why(なぜ)、How(どのように)の頭文字でしたね。
- 表の年月日の欄で「いつ」が書けます。時間も明記しましょう。目的、用件、相手の名前は書く欄を設けておくといいですね。

> 各サービス担当者の意見や返事もここに書くことで、支援の流れが立体的に見えてきます。時間を追って事実をたどれるので、振り返るときに役だつのよね!

居宅支援経過表に関するチェックポイント

- 支援の内容が5W1Hを基本としてわかりやすく記載されているか。
- 月に一度訪問し、モニタリングを行なった記録があるか。新規の場合、サービス導入直後にモニタリングが行なわれているか。注:モニタリングは別紙に記載している場合もある。
- サービス計画書の交付年月日と、だれにどのような状況で交付したかを記載しているか。
- アセスメント―計画原案作成―担当者会議開催―計画の確定―計画交付の流れは適切か。

支援経過編

Tさんの支援経過表（第5表）

> 支援経過表は、ご利用者が元気になるための支援の記録です。ケアマネジャーの業務日誌としても活用できます。順調に自立支援が進んでいると思ったら、ご利用者に「元気になられてよかったですね！」と声をかけながら、自分も褒めてあげましょう。

利用者　T

年月日	内容	年月日	内容
H00.4/3 水曜日 （自宅訪問） 担当者会議	【時間】14:00～15:00　【計画】H00.5月分　【確認】訪問 自宅訪問し訪問介護導入について担当者会議を開催。詳細は担当者会議録を参照。 2月下旬に坐骨神経痛のため身体が動かない状態となる。その後、徐々に歩けるようになり、「以前のように外出できるようになりたい」との本人の希望がある。そのため自立支援を目的に訪問介護を導入することとなる。スムーズに歩けないため、外で使用するための車イスのレンタルも希望あり。浴槽の滑り止めマットも購入希望。 訪問介護週2回（入浴、掃除・調理）4/11～利用開始 車イスレンタル 3/29申請済み。地域包括支援センター〇〇様より、「要支援の場合は委託をお願いします」との依頼がある。 暫定プラン4/11 1提示、サービス実施後→4/23カンファレンスを実施し、本プラン作成の予定。		4/11（木）14:30担当者会議に参加依頼し了解を得る。
		H00.4/5金曜日 【電話】	【時間】11:55～12:00 ●●循環器クリニックに電話。あいさつとケアプラン作成の助言を得るためアポを取る。 4/10日（水）12:15訪問予定。
		H00.4/9火曜日	【時間】00:00～00:00 本日PM確定調査。 4/11 14:00契約の件、15:00サービス開始の確認の電話をする。当日福祉用具担当者も参加予定の件も伝える。
		H00.4/10水曜日	【時間】12:15～12:25 ●●循環器クリニックにあいさつと助言をいただく目的で訪問する。 看護師長　〇〇〇〇〇様 〇〇Drと面会する。 〇〇Dr「血圧は安定しているし特になにも情報提供することはない。転倒に注意して生活してほしい」
		H00.4/11木曜日 担当者会議	【時間】14:00～14:30　【計画】H00.5月分　【確認】訪問、計画書（2）、週間計画 会議を開催。ご本人、Y様、〇〇、サービス責任者〇〇様が参
H00.4/4木曜日 （電話）	【時間】9:30～9:40 ●●●●パートナー（福祉用具）より電話あり。車イスのレ…と浴槽滑り止めマット購入について打ち合わせ。 詳細は担当者会議の要点を参照。 車イスを1週間無料でデモ品として貸出していただけることとなる。付属品としてのクッションも検討中。		依頼を提出予定。GWに生活スペースを1Fに移動する予定。浴室が1Fにもあり、つかまる部分が少ないため住宅改修で手すりを取り付ける予定。 今後、家族不在の日が増えることもあるため、ショート利用も検討中。
H00.4/12金曜日 契約	【時間】14:30～15:30　【計画】H00/5月分　【確認】訪問 重要事項を説明し居宅介護支援と訪問介護の契約を結ぶ。	H00.4/23火曜日	【時間】17:20～17:25 ●●●●パートナーの〇〇様に、浴室の手すりの件を依頼する。見積もりを取り次第、理由書作成を〇〇が行なう予定。
H00.4/17水曜日	【時間】11:00～00:00 ●●循環器クリニックに訪問し診察情報提供書を受け取る。	H00.5/7火曜日 居宅サービス計画依頼書提出。	【時間】10:30～11:00　【計画】H00.5月分　【確認】計画書（1）、計画書（2）、週間計画、利用票 自宅訪問。居宅サービス計画作成依頼書と認定資料請求のための委任状に署名捺印いただく。居宅サービス計画書にも署名捺印いただく。●●市役所に居宅サービス計画作成依頼書を提出。
H00.4/23火曜日 （自宅訪問）	【時間】10:00～11:00　【計画】H00.5月分　【確認】訪問 暫定プランを見直すため担当者会議を開催。現在、火、木に訪問介護を利用しているが、木曜日15:00ごろに生協の食材が届くため、金曜日に訪問介護での調理を実施したほうが、食材の準備を考えるとスムーズにいくとのことで金曜へ変更。（5月GW明けから火、金のパターン。） 審査会の結果は、27日発送。結果が介護度であれば、その後、居宅サービス計画作成。	H00.5/22水曜日 認定資料入手。	【時間】10:00～10:05 ●●市役所にて認定資料を入手。

支援経過編

45

Tさんのケアプラン開始後、介護職の方からひんぱんにメール報告をいただきました。

Tさんのケアマネジメントに当たり、介護職の方に詳細の報告をお願いしたところ、下記のようなメールをひんぱんにいただきました。この報告が前ページの支援経過表や再プランにも生かされました。

4月16日（暫定ケアプランに入って5日目）

本日は訪問しますと「滑り止めマット」が届いたところで、私の顔をご覧になるなり、「お風呂に上がってみるわ」とごあいさつもそこそこに階段を上がって行かれました。タイミングがよかったんですね。用心深く一段一段踏みしめながら足を運んでいらっしゃいました。
階段の昇降は「降りるほうが、左手で手すりをつかみ右手で杖を持てるので足が楽です」とおっしゃっていました。
洗体は背中はお手伝いしましたが、そのほかはご自身で洗われました。
足の指の間までも無理なく、くまなく手が届いており、スムーズにされていらっしゃいました。「滑り止めマット」も足がしっかり安定するので安心だとおっしゃっていました。更衣の際は立位ではふらつきで危ないので、イスに腰掛けていただきました。シャワー浴でしたが十分に温まっていただいてました。
リビングのソファに座られ冷たい麦茶を飲まれ、とても快活でいらっしゃいました。でもお湯につかられた場合はもう少しお疲れがあるかもしれませんね。
その時のご気分によって清拭やシャワーにと対応します。
木曜日に訪問しましたときにご心配されないように、私が当面ケアさせていただくことをお話しさせていただきます。

5月7日（本プランに入って1日目）

今日は気分が安定されて、○○さんと快活に話されていました。
一昨日に3階のお風呂に入られたそうで、今日は水圧が悪いかもと1階のお風呂を使われました。日によって1階と3階を使い分けていらっしゃるので、しぜんと足のリハビリになっているようです。
金曜日は掃除と調理なので、もう少しお話し相手ができると思います。

> このメール報告から、お風呂場がある1階に居室を移動させる案が浮上していましたが、Tさんには、階段の上り下りがあっても住み慣れている2階に今のまま住んでいたほうがいいのでは？　という案も出てきました。

5月10日（本プランに入って4日目）

連休中はお嫁さんがお母様に付き添っていらしたので、引っ越しの余裕がなかったそうです。T様は2階のほうが住み慣れていらっしゃいますし、階段の昇降もそれなりに自主トレになっていると思います。
引っ越しはもう少しようすを見てからでもよいかもしれませんね。

5月24日（本プランスタートから18日目）

訪問しますと、血色悪く活気なくソファに横になっておられました。
ご本人いわく、「足を冷やしてはいけないと厚い靴下を履いていたから、それでだるくて重く感じるのかしら」とおっしゃいました。
血圧は123／51でした。
この暑さでは皮膚も蒸れてよくないかと思うので、風通しをよくしましょうとストッキングに履き替えられたら、「あースッキリしたわ」とサッパリされた顔になられました。
「目も朝から乾燥して」と、何度も点眼されていました。
調理のときには元気になられていましたがいつもに比べますと頼りなげな感じでした。退出時に再度バイタルしますと、147／65でした。
「動いたせいよ」とおっしゃっていましたが、ふだんから下の血圧が低いのと、1時間で上が高くなったのを気にされていました。
ケアマネジャーの○○さんが入浴と並行して、外出介助も取り入れるようなことも考えていますが、外はこれから暑くなるので、体調と天候がよくないと無理でしょうか。11時スタートだとかなり日射しが強いかもしれませんね。
T様のお気持ち次第ですね。

> こうしてまめに報告してもらい、ケアプランがうまくいっているかいっていないかを常にケアマネジャーが把握していたことが、結果としてTさんの自立支援によい効果をもたらしました。

6月14日（再プランスタートから14日目）

今日は温泉のお話をひとしきりなさっていました。
お顔の筋肉にまで効果があったのか、とても生き生きした表情でした。
お疲れも見せず、室内ですが、杖なしですたすた歩かれて台所にも長く立たれて昼食の準備をされました。
足の痛みもほとんどなく、効果があったのかなと喜んでおられました。
ご家族の付き添いなく2泊3日の温泉旅行を楽しまれたことは、自信になったと思います。

> これは温泉旅行から帰ってきた後のお話ですが、結果としてTさんにはさらによい方向にいったことがわかります。

7月2日（再プランスタートから約1か月）

今日は快調に農家の直売所に行きました。足に力が入るようになったとおっしゃっていましたが、歩幅が大きくなり安定感を感じました。
昨日はタクシーを使ったとはいえ、おひとりで耳鼻科に行って来られたそうです。どんどん改善されているようですね。
「とにかく気持ちが良い！」と言われると、私も行ってよかったあ！　とうれしいです。今後も暑さと相談しながら、無理なく過ごしていただけるように支援させていただきます。

> ご利用者と介護職の方の心が、ひとつになって前に向かっているようすが伝わってきますね。

支援経過編

モニタリングをしましょう。

ケアプランの内容に沿ってサービスが提供されているかどうかを確認します。特段の事情(※)がない限り、少なくとも月1回はご利用者の居宅を訪問し、ケアプランの実施状況の結果を記録しましょう。各サービス担当者にも、確認を取ります。

1. ケアプランを振り返る。

ケアプランの目標に沿っているか、サービスの質と量は過不足がないか、利用者や家族がサービスに対して満足しているか、苦情や不満などないか、新たな課題がないか、などをご利用者とサービス担当者に確認します。

ご利用者に対しては、要望を口に出しやすい状態をつくっておくことも大切です。

> 見落としがないように、下の5つのポイントで振り返るようにしましょう。

- ① 課題分析が適切だったか。
- ② ニーズが適切だったか。
- ③ 目標が適切だったか。
- ④ サービス内容が適切だったか。
- ⑤ ご本人やご家族がサービス内容に満足しているか。

2. 短期目標を管理する。

短期目標の期間を1か月にした場合、見通しどおりなら、1か月後のモニタリングで達成を確認することができます。達成できないときは、目標が高すぎていないかを検討します。次のふたつのポイントをチェックしましょう。

> 目標が達成できたらバンザイだけど、できなかったときも、その原因を検討するのが大事なんですね！

- ① サービスの内容・方法が適切かどうかを確認する。
- ② サービスの回数が適切かどうかを確認する。

3. サービス内容を変更するかどうか検討する。

1、2の結果、ご利用者の状態とサービス内容が合っていたかを確認し、今後のプランを検討します。満足度が十分に得られていて、内容の変更も必要ないと判断できれば、月末までに翌月分の「サービス利用票」「サービス提供票」等を作成し、翌月1日から引き続きサービスが提供できるように備えます。

必要があればケアプランの変更や調整を行ないます。

> ご利用者の体調がよくなってきたら、サービスが変わりますよね。

> サービスの回数や種類なども、こまめに見直すためにモニタリングするのよ。

> ご利用者からサービス担当者への不満を聞くこともあるんですが……。

> 否定も肯定もしないで、その不満にじっくり耳を傾けることが大事。担当者の言葉づかいや態度なのか、サービスの質そのものなのか、そこを把握したうえで、担当の事業所に伝えて相談します。逆に好結果が出たときは、担当者とともに喜びを共有しましょう！

4. モニタリング評価表・記録に記載する。

モニタリングの結果は右のページのような「モニタリング表」を使うと整理しやすくなり、分析もできます。自治体によって、独自の様式があるときはそれを使いましょう。

※「特段の事情」とは？

ご利用者の事情により、居宅を訪問し、面接することができない場合を主としてさします。入院、入所などがそれに該当し、訪問しなければ減算となることはありません。ただし、入院・入所期間中も、その後も継続的なモニタリングは必要ということは留意しておきましょう。

モニタリング表

> 「満足していない」ことが多いのは、なにが原因でしょうか？

> サービスが「作業」になっていませんか？ ご利用者の生活に役だつという視点から、ご利用者の自立につなげる視点を持って再考してみましょう。

モニタリング記録表

要介護度　要介護2
利用者名　　　T　　　様

生活全般の解決すべき課題	短期目標	サービス内容	サービスの実行確認および確認方法			利用者本人・家族				
			実行確認	確認方法	確認期日	本人	家族		
歩行がスムーズにいかず、特に階段の移動が大変。入浴にも介助が必要。医師：転倒しないように注意して生活してほしい。	介助を受けて定期的に入浴することができる。	移動の見守り介助。歩行状況の確認。足の痛みの確認。入浴介助。風呂場へ手すりを設置。	計画どおり実行	提供機関 担当者、実施記録を確認。	H00.5/28	満足している。 入浴の機会が以前より増えたため、助かっている。	満足している。 調子のよい日は、家族の声かけを受けて入浴することもある。	ニーズ拡大 以前より歩けるようになってきたため、外出支援により、さらに自立支援につなげる必要がある。	ケア継続 プランを変更し、外出支援を盛り込むこととする。
以前のように調理や掃除をひとりで行なえるようになりたい。	できることを増やすことができる。	ヘルパーと共に、調理と掃除を行なう。	計画どおり実行	提供機関 担当者、実施記録を確認。	H00.5/28	満足している。 長時間だと足が疲れるが、見守りを受けて調理する機会があり満足している。	満足している。 以前のように、調理ができるようになってきている。満足している。	ニーズ充足	ケア継続 将来の自立に向けて継続して行なっていきたい。
長い距離の歩行は難しい状況。外出できるようになりたい。	外出する機会を増やすことができる。	外出介助。車イス貸与。	計画どおり実行	利用者本人	H00.5/28	満足していない。 天気のよい日には外出したい。しかし長い距離は不安。	満足していない。 外出できるようになってほしいが、日中はひとりで過ごすこともあり、家族が支援できない状況。	ニーズ拡大 徐々に身体状況がよくなってきているため、外出支援を行なうことで更なる自立支援につなげたい。	ケア一部変更 外出支援も、プランに盛り込むこととする。
健康を保ち、元気に生活していきたい。医師：安定した生活を送ってほしい。	定期的な受診により状態を知ることができる。	診察、検査、薬の処方、生活指導。	計画どおり実行	利用者本人	H00.5/28	満足している。	満足している。	ニーズ充足	ケア継続 継続して受診し、健康状態を把握していく。

総括

再アセスメントの必要　なし

> 私のような施設ケアマネジャーの場合、モニタリングはどのように行なえばいいですか？

> 基準省令第39号では、施設の介護支援専門員は施設サービスの実施状況の把握（モニタリング：入所者の継続的なアセスメントを含む）に当たっては、必ず「定期的に入所者に面接すること」（第12条10項の一）と定められています。最低でも月に1回はモニタリングを行ないましょう。また、モニタリング時の面接は、他職種に任せることはできません。

モニタリング・ケアプラン変更編

ここで、Tさんのケアプランの3か月にわたる経過を見てみましょう。

ここまではP.45の「支援経過表」も参照してね。この先は、P.52から詳しく紹介します。

4月3日
Tさん宅にケアマネジャー訪問、アセスメントを実施。
その後、「アセスメントシート（フェイスシート）」作成。課題検討の後、「暫定ケアプラン」を作成。

▶アセスメントシート（P.8〜15）、課題検討用紙（P.16〜27）

4月11日
サービス担当者会議を開催。
ご本人、ご家族、地域包括支援センターの主任ケアマネジャー、居宅介護支援事業所のケアマネジャーなどが集まって、「暫定ケアプラン」に基づいて、サービス担当者会議を開催。

「暫定ケアプラン」スタート
▶「暫定・居宅サービス計画表」第1表、第2表（P.30〜31）

4月23日
サービス担当者会議を開催。
4月26日に介護認定が下りるため、以後の「本プラン」にもとづいて、サービス担当者会議を開催。

▶「サービス担当者会議の要点」第4表（P.38〜41）

5月7日
本プランスタート
ひとりで入浴、調理、掃除、そして外出ができるようになることを目標に本プランがスタート。

▶「居宅サービス計画書」第1表、第2表（P.32〜35）

モニタリング・ケアプラン変更編

5月21日
再アセスメントを実施。
歩行が以前よりもスムーズになり、ご本人も外出したい意欲が出てきたため、再アセスメントを実施。
▶「アセスメントシート」(P.52〜53)

5月28日
モニタリング＆サービス担当者会議を開催。
モニタリング後、サービス担当者会議を開催し、ケアプランの一部変更を検討。
▶「モニタリング表」(P.48〜49)

5月31日
再プランのスタート。
外出支援をプラスした、再プランをスタート。
▶「居宅サービス計画書」第1表、第2表（再プランP.54〜55）

6月10日〜12日
歩行状態が回復し、外出への意欲が高まったTさんは、ご友人の車で2泊3日の温泉旅行へ！

> 4月に相談を受けた当初は笑顔をなくしていたおばでしたが、今は体の不自由さはあるものの、笑顔を取り戻しました。この仕事を続けてきたことで、私もおばを支えるメンバーのひとりになれました。心から幸せを感じます。

7月30日
サービス担当者会議を開催予定。
短期目標終了日の前日に、Tさんの最終目標である「元の生活に戻る」ためのケアプランの内容を再検討する予定です。

6月28日
モニタリングを実施。
歩行器を使っての外出に慣れてきたため、車イスを撤去することに。
▶「モニタリング表」(P.56)

モニタリング・ケアプラン変更編

では、ここからは、Tさんの再プランのお話です。

本プランに入って3週間後、Tさんの外出への意欲が高まってきたため、再アセスメント、モニタリング、サービス担当者会議を実施。ケアプランの内容の一部が変更になりました。

ケアプランの内容を変更するときってどんなとき？

主に、
- ●ご利用者の身体状況の変化があるとき。
- ●ご利用者・ご家族の希望が変わったときに、ケアプランを変更します。

軽微な変更（※）の場合はサービス担当者会議を照会（P.61参照）に替えることができますが、妥当かどうかは慎重に判断を。
心配な場合は、自治体の窓口に問い合わせて確認したほうがよいでしょう。

ケアプランの変更に必要なことは？

まずは再アセスメントを行なって、ご利用者の身体状況や意向、ご家族の希望などを再び細かくヒアリングし、課題を検討。ニーズが見えたら、ケアプランの原案を作成し、サービス担当者会議……と、P.8から行なってきた一連の過程を踏んで、ケアプランの再プランを作成します。

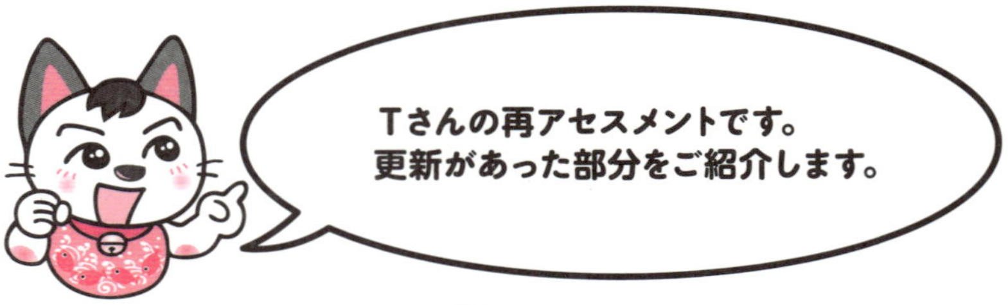

Tさんの再アセスメントです。更新があった部分をご紹介します。

住まいの状況				
	ベッド ☑固定式 □… □その他（電動ではないが高さ調整できる）			
	エ. 陽あたり □良 ☑普通 □悪			
	オ. 暖房 ☑あり □なし　カ. 冷房 ☑あり □なし			

トイレ	ア. □和式　☑洋式　□その他（　）	移動手段	室外	福祉機器 ☑使用している □使用していない ↓使用している場合 □車いす □電動車いす ☑杖 □歩行器 □その他（　）
	イ. 手すり ☑あり □なし			
	ウ. トイレまでの段差 ☑あり □なし			
浴室	☑自宅にあり □自宅になし		室内	福祉機器 ☑使用している □使用していない ↓使用している場合 ☑車いす □電動車いす ☑杖 □歩行器 □その他（　）
	イ. 手すり ☑あり □なし			
	ウ. 浴室までの段差 ☑あり □なし			

諸設備	洗濯機 ☑あり □なし	湯沸器 ☑あり □なし	冷蔵庫 ☑あり □なし

【周辺環境・立地環境・その他住居に関する特記事項】
本人の生活スペースは2Fになっている。2Fには居室、居間、キッチン、トイレが室内の各所のドア部分には数ミリ程度だが段差あり。

1階や3階に行くためには階段があるため、H00年4月の時点では、移動するのに
しかしH00年5月21日の時点では、以前より歩行状況が回復し階段昇降の疲労の
階段昇降機の検討もされるが、高額になってしまうため保留。
生活スペースを1階に移す計画がある。1階の浴室に住宅改修による手すり設置

（※）「軽微な変更」かどうかの判断については、P.90～91の表を参照してください。

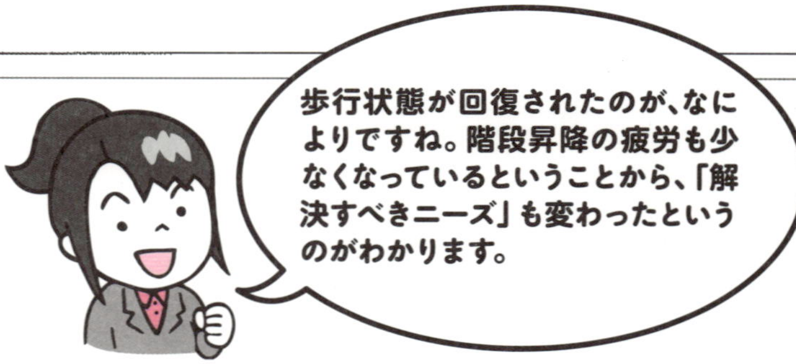

歩行状態が回復されたのが、なによりですね。階段昇降の疲労も少なくなっているということから、「解決すべきニーズ」も変わったというのがわかります。

7 全体のまとめ

これまで社会的役割をもった生活を送ってこられ、「元の生活に戻りたい。会合に行きたい」などの強い希望がある。

自立支援を目的に、訪問介護の導入を検討。
・共に行なう調理と掃除。
・お風呂場までの移動の見守りと介助と入浴介助。
・家族介助による外出がスムーズにいくよう車イスのレンタル。
・浴室への手すりの設置（住宅改修）

・サービス開始から徐々に歩行状態が回復し表情もよく、外出の意欲も聞かれるため、更なる意欲の向上のために、訪問介護による外出支援を検討。主介護者は実家（名古屋）の母の介護もあるため不在になることがあり、上記のサービスを定期的に実施し自立につなげたい。

※『新版・居宅サービス計画ガイドライン エンパワメントを引き出すケアプラン』社会福祉法人全国社会福祉協議会、2009年、アセスメントシートを使用。

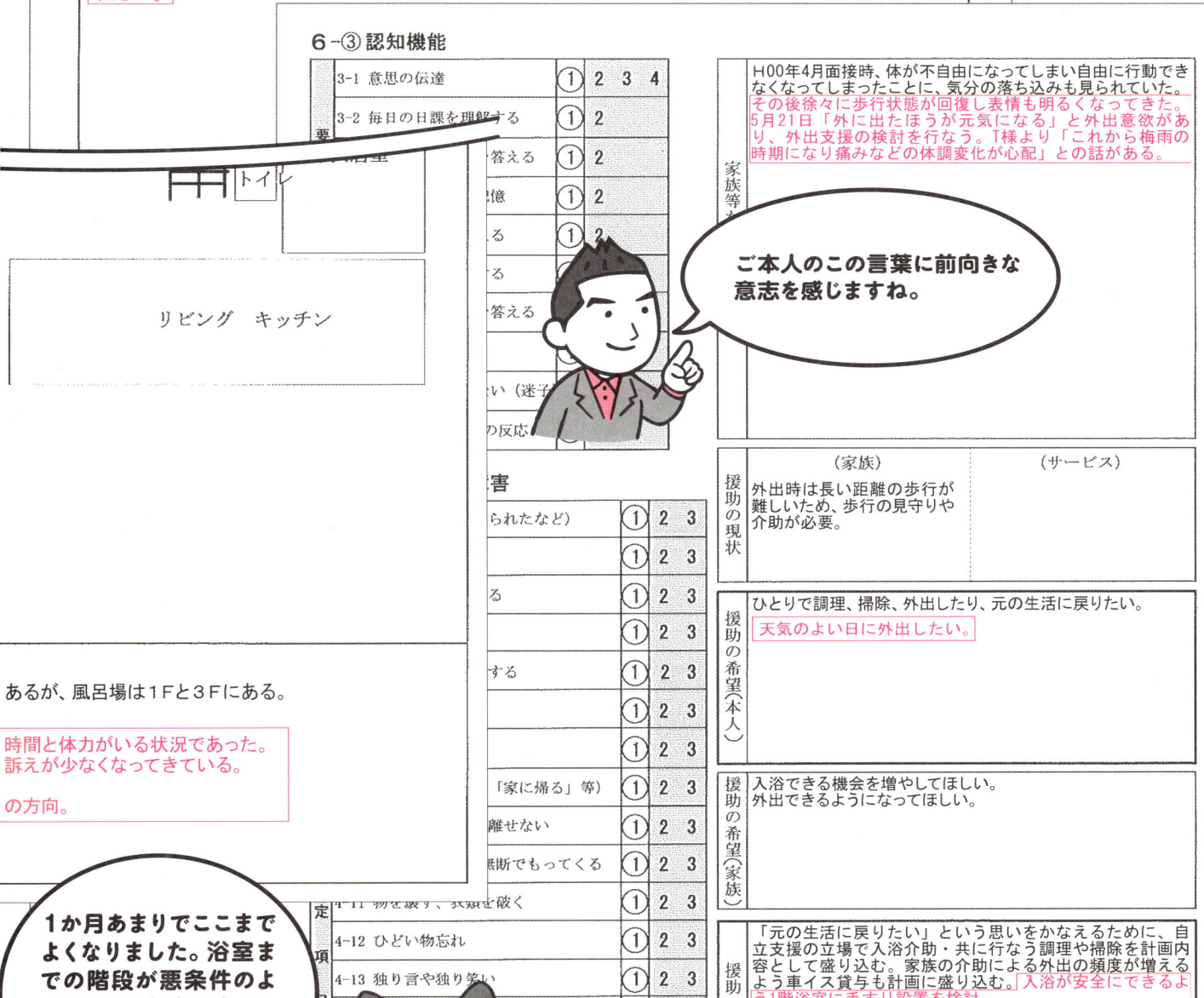

6-③ 認知機能

3-1	意思の伝達	①	2	3	4
3-2	毎日の日課を理解する	①	2		
	答える	①	2		
	憶	①	2		
	る	①	2		
	る				
	答える	①	2		
	い（迷子				
	の反応				

害

られたなど）	①	2	3	
	①	2	3	
る	①	2	3	
	①	2	3	
する	①	2	3	
	①	2	3	
	①	2	3	
「家に帰る」等）	①	2	3	
離せない	①	2	3	
断でもってくる	①	2	3	
4-11 物を壊す、衣類を破く	①	2	3	
4-12 ひどい物忘れ	①	2	3	
4-13 独り言や独り笑い	①	2	3	
4-	①	2	3	
4- 会話にならない	①	2	3	
暴	①	2	3	
4-18 目的なく動き回る	①	2	3	

家族等

H00年4月面接時、体が不自由になってしまい自由に行動できなくなってしまったことに、気分の落ち込みも見られていた。その後徐々に歩行状態が回復し表情も明るくなってきた。5月21日「外に出たほうが元気になる」と外出意欲があり、外出支援の検討を行なう。T様より「これから梅雨の時期になり痛みなどの体調変化が心配」との話がある。

> ご本人のこの言葉に前向きな意志を感じますね。

援助の現状
（家族）　　　　　　（サービス）
外出時は長い距離の歩行が難しいため、歩行の見守りや介助が必要。

援助の希望（本人）
ひとりで調理、掃除、外出したり、元の生活に戻りたい。
天気のよい日に外出したい。

援助の希望（家族）
入浴できる機会を増やしてほしい。
外出できるようになってほしい。

援助の計画
「元の生活に戻りたい」という思いをかなえるために、自立支援の立場で入浴介助・共に行なう調理や掃除を計画内容として盛り込む。家族の介助による外出の頻度が増えるよう車イス貸与も計画に盛り込む。入浴が安全にできるよう1階浴室に手すり設置を検討。
歩行状態の回復と表情も明るくなり、外出の意欲があるため、更なる意欲向上のためにも外出支援を検討。

【特記、解決すべき課題など】

あるが、風呂場は1Fと3Fにある。

時間と体力がいる状況であった。
訴えが少なくなってきている。

の方向。

トイレ

リビング　キッチン

> 1か月あまりでここまでよくなりました。浴室までの階段が悪条件のようですが、角度を変えて見るとこの環境がリハビリに役だっていたかも。

モニタリング・ケアプラン変更編

53

Tさんの再プランです。

> ひとりで外出できるようになりたい！というご本人の強い意志が反映されています。

> 歩行状態は改善してきていますが、天候で痛みが強くなる日があるなど、不安定な状況にあることを把握し、医師の意見も得ています。自立への本人の意欲を生かすのは当然ですが、過剰にも不足にもならない援助の見きわめが重要な時期です。

第1表　　　居宅サービス計画書（1）　　　作成年月日
　　　　　　　初回　紹介　継続　　　　　　　　　認定済　申請中

利用者名　　T　殿　　生年月日　昭和○年○月○○日　　住所　●●●●●

居宅サービス計画作成者氏名　○○○○

居宅介護支援事業者・事業所名及び所在地　●●ケア　居宅介護　●●●●●

居宅サービス計画作成（変更）日　平成○○年5月28日　　初回居宅サービス計画作成日　平成○○年4月5日

認定日　平成○○年4月26日　　認定の有効期間　平成○○年4月1日～平成○○年3月31日

要介護状態区分	要介護1	要介護2	要介護3	要介護4	要介護5

利用者の意向	元の生活に戻りたい。なんとか元気になり買い物や会合などに行けるようになりたい。
ご家族の意向	外出できるようになってほしい。
介護認定審査会の意見及びサービスの種類の指定	なし
総合的な援助の方針	本人の生活に対する意欲を尊重し、自立支援を念頭にサービスを調整していきます。以前より状態が回復してきており、更なる生活意欲の向上につながるよう支援していきます。　緊急連絡先：○○○○様　000-0000-0000

> ケアプランが順調に進んだ結果による、うれしい再プランです。

生活援助中心型の算定理由　1．一人暮らし　2．家族等が障害、疾病等　3．その他（　　　　）

同意年月日　○○年5月31日　　署名　T　　印

モニタリング・ケアプラン変更編

| 第2表 | | | | | 居宅サービス計画書（2） | | | | 作成年月日　平成〇〇年 |

要介護度　　　要介護2　　　　　　　　　　　　　　　　　　　　　　　　　●●ケア（居宅）
利用者名　　　T　　　　　様

作成者　〇〇〇

生活全般の解決すべき課題（ニーズ）	援助目標				援助内容				
	長期目標	（期間）	短期目標	（期間）	サービス内容	※1	サービス種別	※2	頻度
歩行状態が以前より回復してきたが、天気や気温により足の痛みが強くなってしまうこともある。医師より「転倒しないように注意してほしい」との意見がある。	ひとりで入浴することができる。	H00.5/31〜H00.11/30	介助を受けて定期的に入浴することができる。	H00.5/31〜H00.7/31	移動の見守り介助。歩行状況の確認。足の痛みの確認。入浴介助、清拭。	〇	訪問介護	●●ケア	週1回程度
以前のように調理や掃除をひとりで行なえるようになりたい。	ひとりで調理や掃除をすることができる。	H00.5/31〜H00.11/30	できることを増やすことができる。	H00.5/31〜H00.7/31	ヘルパーと共に、調理と掃除を行なう。	〇	訪問介護	●●ケア	週1回程度
歩行が、以前よりスムーズになってきている。天気のよい日に外出の機会を増やすことで、更なる自立支援につなげたい。ひとりで外出できるようになりたい。	ひとりで外出することができる。	H00.5/31〜H00.11/30	外出する機会を増やすことができる。	H00.5/31〜H00.7/31	見守り的援助をしながらの外出支援、なじみの店での品物選択の援助。（車イス介助、歩行見守り）天候や体調を確認しながら実施。	〇	訪問介護 家族	●●ケア 家族	週1回程度 随時
					車イス貸与、歩行器貸与。	〇	福祉用具貸与	●●●●パートナー	随時

※1　「保険給付対象かどうかの区分」について、保険給付対象内サービスについては〇印を付す。
※2　「当該サービス提供を行なう事業所」について記入する。

モニタリング・ケアプラン変更編

> 天候によって足が痛くなることにも配慮しながら、ご本人の希望である外出介助のサービスを取り入れています。この外出介助は日用品の買い物など日常生活の自立に必要なものなので介護保険の対象です。状況次第で使用できるよう車イスや歩行器も手配しています。

> 再プランスタートから約1か月後の「モニタリング表」です。

> P.49の「モニタリング表」と比べるとご本人の満足度が高くなっているのがわかります。

●●ケア（居宅）
作成年月日　平成○○年○月○○日
作成者　○○○○

要介護度　要介護2
利用者名　　T　　様

生活全般の解決すべき課題	短期目標	サービス内容	サービスの実行確認および確認方法			利用者本人・家族の意見・要望		ニーズ充足度	対応
^^^	^^^	^^^	実行確認	確認方法	確認期日	本人	家族	^^^	^^^
歩行状態が以前より回復してきたが、天気や気温により足の痛みが強くなってしまうこともある。医師より：「転倒しないように注意してほしい」との意見がある。	介助を受けて定期的に入浴することができる。	移動の見守り介助。歩行状況の確認。足の痛みの確認。入浴介助。清拭。	計画どおり実行	提供機関	H00.6/28	満足している。調子がいいときは土日に入浴することもある。	満足している。見守りのもと入浴することができて助かっている。	ニーズ充足　定期的に入浴することができ清潔が保持できている。	ケア継続　体調に合わせて継続して提供していきたい。
以前のように調理や掃除をひとりで行なえるようになりたい。	できることを増やすことができる。	ヘルパーと共に調理と掃除を行なう。	計画どおり実行	提供機関	H00.6/28	満足している。長時間台所に立っていると疲れる。	満足している。天候により痛みがあったり変化があるが、見守りすることで、調理作業をすることができ満足されている。	ニーズ充足	ケア継続　継続して実施し、自立につなげたい。
歩行が以前よりスムーズになってきている。天気のよい日に外出の機会を増やすことで、更なる自立支援につなげたい。ひとりで外出できるようになりたい。	外出する機会を増やすことができる。	見守り的援助をしながらの外出支援、なじみの店での品物選択の援助。（車イス介助、歩行見守り）天候や体調を確認しながら実施。車イス貸与、歩行器貸与。	計画どおり実行	提供機関	H00.6/28	ある程度満足している。天候により痛みが出るため困る。でこぼこした道だと、歩行器の操作が大変。かえって肩に負担がかかることもある。	満足している。梅雨の時期の体調変化が心配。	ニーズ充足。見守りのもとで外を歩行する機会を持てている。	ケア継続　継続してサービス提供し、行動範囲を拡大させていきたい。徐々に歩行状態がよくなってきているため、車イスは撤去。歩行器のみとする。
健康を保ち、元気に生活していきたい。医師：安定した生活を送ってほしい。	定期的な受診により状態を知ることができる。	診察、検査、薬の処方、生活指導。	計画どおり実行	利用者本人	H00.6/28	満足している。定期的に通院している。	満足している。	ニーズ充足	ケア継続　天気や気温により痛みが発生したりするため、体調を見ながらサービス提供していきたい。

総括	計画の変更等

再アセスメントの必要　なし　あり　　（実施予定日：　　　　　）

モニタリング・ケアプラン変更編

> 再プランから1か月にわたる「居宅介護支援経過表」です。

> ご本人の意志で、温泉旅行にも行かれたことも記載されています。

居宅介護支援経過

利用者名　　T　　　殿　　　　　居宅サービス計画作

年月日	内　　容	年月日	
H00.5/28火曜日 担当者会議	【時間】10:30〜11:00【計画】H00.6月分【確認】訪問 ご本人「外に出たほうが元気になる」との話がある。歩行状態が回復し表情も明るくなってきた。主介護者は名古屋の母の介護も必要なため、不在になることがあるため、定期的な訪問介護利用による自立支援を行なっていく必要がある。 更なる意欲向上や行動範囲を広げていくためにも外出支援を導入することとなる。 歩行器も導入予定。 詳細はサービス担当者会議の要点を参照。 6/10〜6/12、ご友人と湯治目的で温泉に出かけるとのこと。ご本人とご友人で決めたこと。 1Fに生活スペースを移す件はいったん保留。1F浴室への手すり設置も保留。		
H00.6/18火曜日	【時間】11:00〜12:30 訪問介護にて歩行器を利用し外出支援。路上で歩行器を使うのが初めてで、道路路肩が斜めのところでは操作しづらいようすだったとのこと。		
H00.6/28金曜日 自宅訪問	【時間】10:30〜11:00【計画】H00.7月分【確認】訪問、利用票 モニタリングを行なう。体調が天候や気温により変化するとのこと。いまが梅雨の時期のため変化しやすいとのこと。 外出支援については、現在の11:00訪問だと日差しが強いため7月からは10時に訪問介護を行なうこととする。歩行器は操作が慣れないせいか、デコボコの道だと大変との話がある。 車イスは無くてもだいじょうぶとのことで、6月末で解約。		

> 歩行が改善してくると、友人と湯治に行くほど意欲も回復！ 自室を1階に移す必要性が低くなりました。慣れた生活を継続することは大切です。

> モニタリングによって、季節と体調の変化や、歩行器の使いがって、外出支援の利用時刻の変更など、きめ細かく把握しています。

実地指導での答え方例
～モニタリング・ケアプラン変更編～

> 書類をしっかり整理しておきましょう！

モニタリングではケアプランの目標達成状況、実施状況、ご利用者やご家族の満足度を確認します。そして、今後のケアプランの内容を検討します。変更がある場合も、ない場合も流れを簡潔に説明できるようにしましょう。

モニタリングは、具体的にどのように行なっていますか？

実績の報告の機会に、毎月1回行なっています。各事業所さんからモニタリング報告をいただくので、先月に比べて今月の状態はどうなったかがわかります。それを把握したうえで、そのつど利用者を訪問して、事実かどうかご本人やご家族に確認して、進捗状況をこちらできちんと把握しています。

利用者への一連のケアマネジメントプロセスのなかで、ケアを担うチームの意見などをどのように集約していますか？

介護保険法でもサービス担当者会議にて各担当者から、専門的な見地からの意見を聞くものとするとされているので、それを遵守しています。日ごろからモニタリングをいただいているので、その確認も兼ねて、サービス担当者会議を行なっています。ケアプランをたてる際には、チームの皆さんそれぞれの立場から暫定のケアプランをたてていただき、人数分のコピーを用意します。それを元にみんなで修正が必要かどうかの検討をして、プランのブラッシュアップに努めています。ご家族も含めて、それぞれの意見を常に集約し、その経過は確認できるように記録しております。

> 🐾 「原案」であっても、ケアマネジャーが用意したケアプランがあると、和を優先する人は、「あえて意見を言わなくてもいいだろう」と、小さな疑問があっても発言しないことがあります。その意味でも、サービス担当者会議のときに、担当者全員が専門的な立場から計画を作成してきてもらうのは、チームの意見を集約するためにもよい方法になります。

モニタリングの際に、特に重視していることはどのようなことですか？

特に重視するのは、予測に反して改善や変化が見られない場合です。その理由の分析は各サービス担当の職員も私も意識的に行なうようにしています。その姿勢がサービスの質の向上と、けがや事故の予防にもつながると信じています。

ご利用者の状態の変化をどのようにとらえていますか？

ご利用者の状況が改善されている、あるいは悪化しているなどの状態の変化は、モニタリングによって整理し、評価しています。例えば、利用回数の増加も悪化が招いているととらえます。

また次の課題を見い出すための再アセスメントをどのように行っていますか？

前回のアセスメントと、どこがどう変わったのか、その原因や理由を明確にして、サービス担当者会議を行なったうえで再アセスメントをスタートします。ケアプランの軽微な変更については、行政の担当者に相談に乗っていただきながら対応しています。

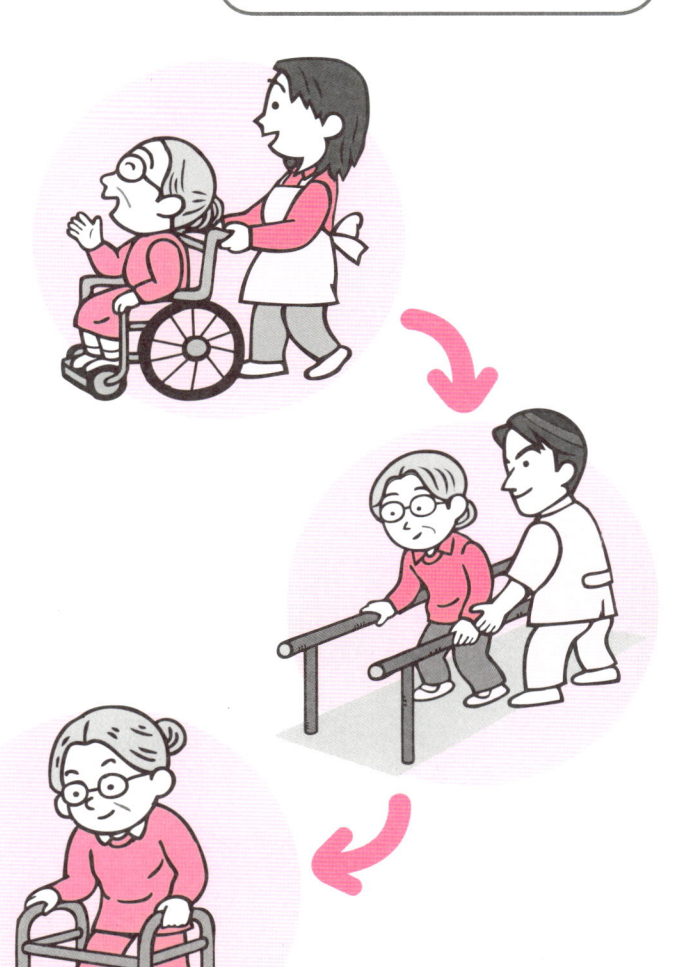

モニタリング・ケアプラン変更編

59

そのほか、3つの表のお話をしましょう。

居宅サービス計画書をご利用者の生活と結び付けて、日々の過ごし方がわかるようにしたものが「週間サービス計画表」です。ご利用者やご家族、サービス担当者が見やすいように記入しましょう。「サービス担当者に対する照会（依頼）内容」は要領よく、「サービス利用票」は正確に記入しましょう。

ケアプラン第3表「週間サービス計画表」

第3表				週間サービス計画表				作成年月日
利用者名　　　　殿								
		月	火	水	木	金	土	日	主な日常生活上の活動
深夜	4:00								
早朝	6:00								
午前	8:00								
	10:00								
午後	12:00								
	14:00								
	16:00								
夜間	18:00								
	20:00								
	22:00								
深夜	0:00								
	2:00								
	4:00								
週単位以外のサービス									

この1枚で、ご利用者の1日、1週間、1か月の過ごし方を把握することができます。
右端「主な日常生活上の活動」には起床・就寝・食事・趣味・家事などの基本的なスケジュールを書きます。この欄をふたつに分けてデイサービスに行く日と行かない日の予定や、介護にかかわる家族の予定を書いておくと生活像がよりわかりやすくなります。「週単位以外」の欄には、月単位の予定を書きます。

「サービス担当者に対する照会（依頼）内容」

	サービス担当者に対する照会（依頼）内容	作成年月日
利用者名　　　　　　殿	居宅サービス計画作成者（照会者）氏名	

サービス担当者会議を開催しない理由 ないし会議に出席できない理由	

照会（依頼）先	照会（依頼）年月日	照会（依頼）内容	回答者氏名	回答年月日	回答内容

※サービス担当者会議を開催しない場合や会議に出席できない場合などに使用すること。

> サービス担当者会議を招集したところ、やむを得ない理由で参加できない事業所があるときには、その事業所の職員に出席できない理由を書いてもらいます。
> またケアマネジャーが「軽微な変更」などを理由にサービス担当者会議を開催しないと判断したときは、その理由を上に書きます。

ケアプラン第6表「サービス利用票」

> ケアプランに基づいてサービスが提供されているかどうかという、実績の集計が「サービス利用票」です。事業所から提出されたサービス提供表で内容を確認し、利用表に記入します。この給付管理業務で間違いがあると、事業所にもご利用者にも迷惑をかけてしまうので注意しましょう。

平成　年　月 分 サービス利用票（兼居宅サービス計画）

ケアプランに必要な書類の おさらいをしましょう。

ひと通りの書類の書き方のコツはつかめましたか？ アセスメントからモニタリングまでたくさんあるように見えますか？ でもそれぞれをきちんと記入しながら、個人の感情にかたよらないように、考え方を整理し、仕事を合理的に進めることができます。積極的に活用していきましょう。

1. アセスメントシート（フェイスシート）

健康状態をはじめ、環境、ご家族、生活歴など、ご利用者の情報を整理して記入します。今後の支援の基礎となるので、書き写す情報は、間違いがないように確認します。

2. 課題検討用紙

アセスメントで得た情報を整理して、ケアプランを作成するための用紙です。ご利用者の生活上の支障から、課題（ニーズ）、総合的な方針を導き出します。

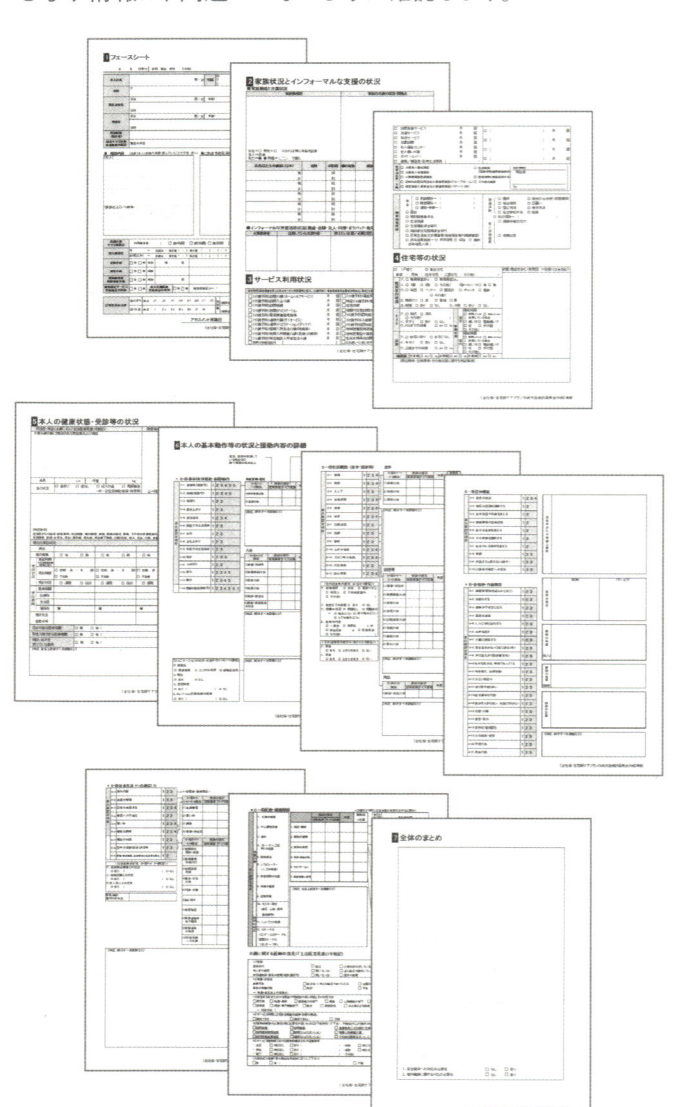

※『新版・居宅サービス計画ガイドライン エンパワメントを引き出すケアプラン』社会福祉法人全国社会福祉協議会、2009年、アセスメントシートを使用。

3. サービス計画書第1表・第2表・第3表

　第1表はご利用者の概要と援助の総合的な方針を記し、同意の印を得て、プランがスタートします。第2表で目標を示し、第3表でサービスをより具体的に示します。

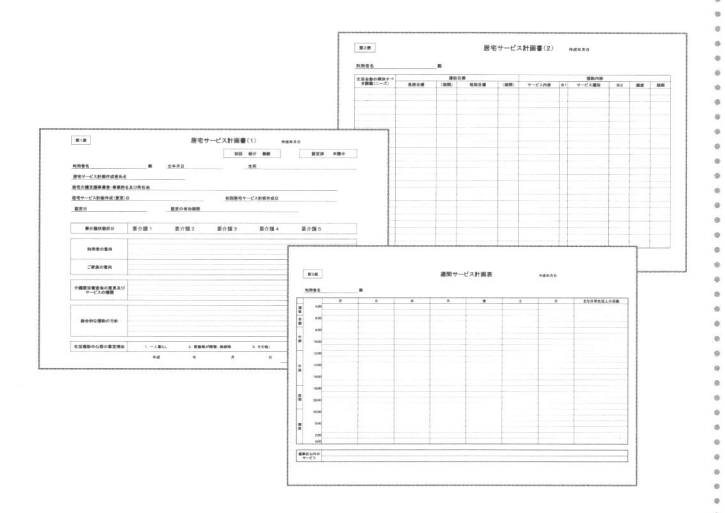

4. サービス担当者会議の要点（第4表）

　出席者、開催目的、検討した内容、今後の方針、残された課題を記入します。会議のあとは、あまり時間をおかずに関係者に配布して情報の共有に努めましょう。

5. サービス担当者に対する照会（依頼）内容

　サービス担当者会議を開催しない場合に、照会内容を具体的に書いて回答を依頼します。

6. 支援経過表（居宅介護支援経過）（第5表）

　5W1Hを意識しながら、そのご利用者に関する情報のやり取りやケアマネジャーの仕事の記録を書きます。見たこと・感じたこと・人から聞いたこと・判断したことは区別して書くのが大切です。

7. サービス利用票（第6表）

　サービス事業所やご利用者のお金に直結し、ケアマネジャーの信用にかかわるので間違いのないように。

8. モニタリング表

　ご利用者の身体状況とサービス内容が合っているかをチェックします。ケアマネジャーの専門的な目が生きる大事なステップです。

実地指導と監査

高齢化とともに介護保険事業者に対して行政の指導・監査は強くなってきました。適正に運営するのは当然のことですが、今一度、指導と監査をおさらいしておきましょう。

実地指導とは？

　介護保険サービス事業者に対して、行政が行なう定期的な検査です。事前に通知があり、ほぼ1日かけて行なわれます。目的は、利用者が不利益を受けないようにすることと、事業運営の適正化です。実地指導では、利用者の生活実態や虐待がないかの確認、サービスの質の確認、適正な報酬請求の確認などが行なわれます。その結果、錯誤や違反が発見された場合は、改善の指導が行なわれます。

監査とは？

　実地指導は適正運営を「指導」するものですが、監査は重大な違反が疑われる場合や、指導を行なっても改善されない場合に、処分も念頭に置いて、より厳しく立ち入り検査を行なうものです。実地指導の現場で重大な違反が見つかった場合、その場で監査に切り変わることもあります。監査の段階になると、結果次第では「指定取り消し」「介護報酬返還」という処分もあり得ます。

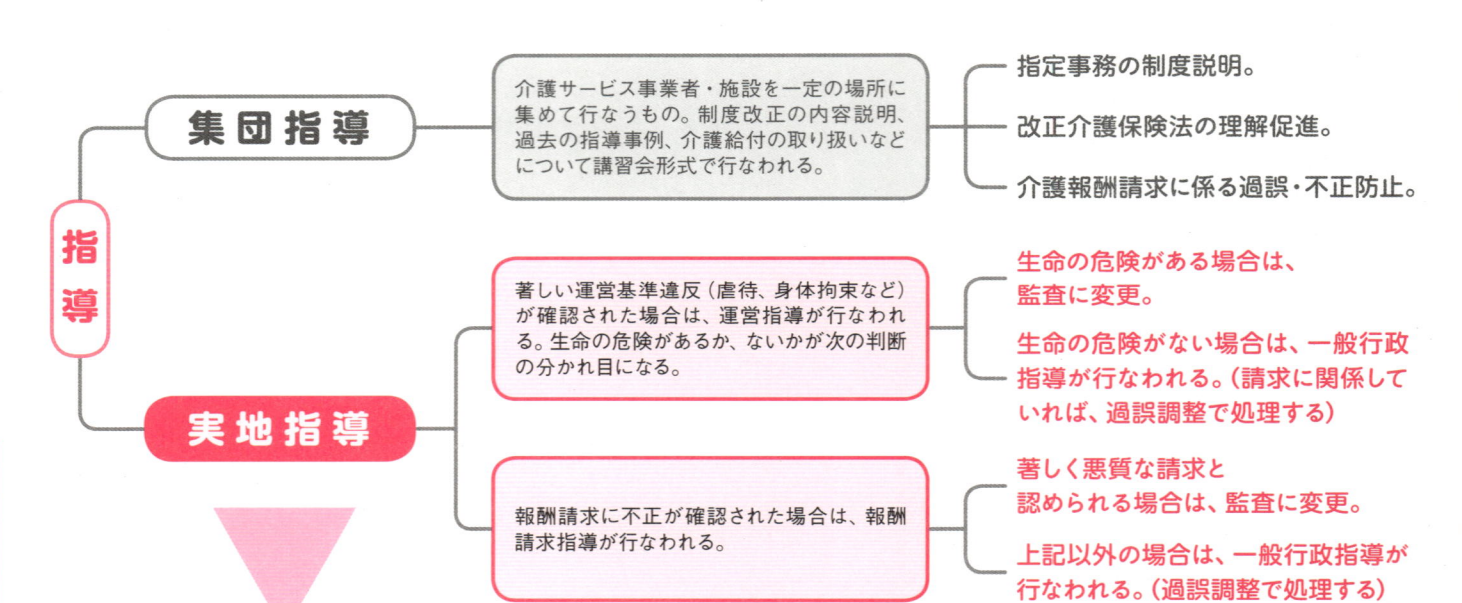

指導

集団指導
介護サービス事業者・施設を一定の場所に集めて行なうもの。制度改正の内容説明、過去の指導事例、介護給付の取り扱いなどについて講習会形式で行なわれる。
- 指定事務の制度説明。
- 改正介護保険法の理解促進。
- 介護報酬請求に係る過誤・不正防止。

実地指導
著しい運営基準違反（虐待、身体拘束など）が確認された場合は、運営指導が行なわれる。生命の危険があるか、ないかが次の判断の分かれ目になる。
- 生命の危険がある場合は、監査に変更。
- 生命の危険がない場合は、一般行政指導が行なわれる。（請求に関係していれば、過誤調整で処理する）

報酬請求に不正が確認された場合は、報酬請求指導が行なわれる。
- 著しく悪質な請求と認められる場合は、監査に変更。
- 上記以外の場合は、一般行政指導が行なわれる。（過誤調整で処理する）

監査

必要があると認められる（通報、内部告発、介護給付費分析など）と実地検査を行なう。場合によって指定取り消しなど。

実地指導から監査に移行した場合、著しい違反、悪質な請求があると、場合によっては指定の取り消しなど。

集団指導とは？

国の施策を現場の事業者が理解しやすく、事業運営に生かしやすくするように行政が指導するものです。講習形式で行なわれ、改正の要点や事務処理の注意点のほか、好事例、悪事例などが具体的に紹介されることもあるので、事業者にとっては合理的な学習の機会になります。大勢が集まる形式のため、集中しにくいという人もいますが、この場で緊張感を持って学ぶことが実地指導への備えの第一歩といえます。

「いろいろなケースの考え方、サービス展開法の実例です。」

「思いがけない落とし穴があることに気がつきます！」

「施設のケアプランはどう考えるべきかよくわかります！」

実例に学ぶケアプラン

サービス計画書 第1表・第2表の記入のしかた

　介護保険サービスは、当初、できない部分を代行する、困っている部分にサービスをあてがうという考え方の、問題解決型で運営されていました。しかし、現在はご利用者みずからが参加する「自立支援」、「医療と福祉の連携」「インフォーマルサービスの活用」などが強く求められ、ケアマネジャーの多方面の力量が問われるようになってきました。制度改正のたびに、この傾向は強くなっています。

　ところが、実際には、旧来の考え方によるケアプランがまだまだ多く見られます。ベテランのケアマネジャーは、最初に勉強したやり方を続けていたり、新人は先輩のやり方をそのままお手本にしていたりすることもあります。

　国の方針の変化は理由があり、地方自治体行政もその方針の周知、徹底に努めています。実地指導でも改正の要点を理解しているかどうかは、大事なポイントになってきます。わかりやすい実例と朱書きを見ながら、適正なケアプランづくりのコツと考え方を学びましょう！

P.66　居宅サービスのAさん（要介護3）

P.70　施設サービスのBさん（要介護1）
　　　　（介護老人保健施設）

P.74　施設サービスのCさん（要介護1）
　　　　（介護老人保健施設）

P.78　施設サービスのDさん（要介護4）
　　　　（特別養護老人ホーム）

P.82　施設サービスのEさん（要介護3）
　　　　（特別養護老人ホーム）

P.86　ショートステイサービスのFさん（要介護2）
　　　　（短期入所生活（療養）介護）

> 「サービス計画書」の第1表と第2表を見ると、どんなケアプランが行なわれているか見えてくるよ。
> つまり、この2枚がしっかり書けていれば、介護サービスはうまくいっているということ。
> みなさんがいつも仕事で書いている「サービス計画書」と比べてみてもいいね。

居宅サービスのAさん（女性・94歳）　要介護3

Aさんはどんな人？
（アセスメントなどより）

> 環境が変わったうえに、リハビリをがんばりすぎてしまったんですね。

> きっと疲れているようすはあったはずですよ。サービス担当者とケアマネジャーがもっと密にコミュニケーションを取り合えていれば、入院という事態にはならなかったかもしれません。残念です。

　Aさんは趣味の日本舞踊を楽しみながら夫婦で暮らしていました。しかし、夫亡きあと、張り合いをなくしてしまったのか、徐々に筋力が低下し、外出ほか生活全般がままならなくなり、住み込みの家政婦や介護保険サービスを頼むようになりました。慢性心不全という持病もあることから、娘さんご夫婦に同居を勧められ、隣県に転居。当座は娘夫婦、孫に囲まれた安心感からよく眠れるようになり、普通食を食べ、落ち着いていました。ケアプランに沿って、デイサービスに毎日通い、歩行器の練習もしていました。しかし、疲れがたまってしまったのか、住宅改修の期間にショートステイを利用していたときに、体調が急変し1か月入院。退院時に、ケアプランをつくり直すことになりました。

実例に学ぶケアプラン

- この状態観察って、具体的にはどのようなことなのかしら？

- どのような状態にならないために、どのようにする、という記載がないので、ほかの人が読むとまったくわからないんです。実地指導でチェックされるのもこういうところです。
「持病は〇〇〇〇の傾向があるから、特に〇〇〇〇に注意」のように具体的に書きましょう！「服薬管理」も、ただ薬を飲ませればいいというわけではありません。「副作用に〇〇〇〇があるから〇〇〇〇の変化に注意」と具体的な管理のしかたを記載しましょう。

- 「元気で生活していきたい」とは？ 具体的にどんな生活をしたいのか、そこをもっと具体的にアセスメントで聞くようにしましょう。「ご本人がどんな生活を望んでいるか」が最初にあって、その目標に向かっていくのがご本人参加型のケアプランですからね。

居宅サービス計画作成（変更）日　平成〇〇年〇月〇〇日			初回居宅サービス計画作成日　平成〇〇年〇月〇〇日		
認定日　平成〇〇年〇月〇〇日		認定の有効期間　平成〇〇年〇月〇〇日～平成〇〇年〇月〇〇日			
要介護状態区分	要介護1	要介護2	要介護3	要介護4	要介護5
利用者の意向	8月に入院してから、やっとで退院できた。みんなに見守られて、元気に生活していきたい。				
ご家族の意向	ようやく退院できたので、安心した。仕事の関係でショートステイを利用しながら、家族で協力してみていきたい。ヘルパーさんやデイサービスのお世話にもなりたい。主治医の往診、緊急通報できるテレビ電話やベッド・歩行器は引き続きお願いしたい。				
介護認定審査会の意見及びサービスの種類	**持病がある場合は、体調変化に備えて、定期検査のスケジュールも記入するようにしたほうがよいです。**		**ご家族の意向は、〇〇サービスを利用したいという要望ではなくて、ご利用者が「Aさんに、どんな姿になってほしいのか」を聞いて、それを書きましょう。**		
総合的な援助の方針	高齢、持病があるため体調に十分に注意しながら主治医、看護師の医学管理、デイサービスでの状態観察、服薬管理をしていきます。状況を見ながら、入浴回数、機能訓練、休息などを考慮し支援していきます。日中は独居であるため、生活、排せつ面の援助、24時間テレビモニターなどで安否確認しながらヘルパーが毎日かかわります。またショートステイを利用しながら安心した生活を送ることができるよう支援します。適切な福祉用具の利用により、移動を安全にし、転倒を予防します。				

- 状況を見ながら……の「状況」とは？ これは状況ではなく「体調」のことではないでしょうか？ ならば「体調」と書くべきです。

- ここは「適切な」と修飾するよりも、具体的な名称を書くべきですね。私なら「歩行器の利用により、自立のための生活の幅を広げる」などと書きます。

- この「休息」ってなにをさすのでしょう？

- ミツルくん、いいところをつきましたね。介護保険には「休息」というのはありません。本来、ここに書く言葉ではないんです。

- 「転倒を予防するためにデイサービスで機能訓練を行なって、下肢筋力の向上を図る。安全に歩行器を使えるようにして自立を支援する」というような援助方針にしていただきたいです！

- ショートステイ利用がなぜ、安心なのでしょうか。ご本人がどうなりたいと思ってショートステイを利用するのか、この書き方だとまったく見えません。

- すべての援助方針が自立支援の方向に向かっていないといけないんですね。

実例に学ぶケアプラン

第2表

利用者名　　　　A　　　　殿

生活全般の解決すべき課題（ニーズ）	目標			
	長期目標	（期間）	短期目標	（期間）
病気が悪くならないように、元気に生活したい。	体調の安定。	H00.9/30～H00.11/30	体調変化の早期発見ができる。	H00.9/30～H00.11/30
	好みの食事で栄養がとれる。	H00.9/30～H00.11/30	誤嚥せず食事できる。	H00.9/30～H00.11/30
自分の身の回りのことは自分で行ない、自宅での生活を続けたい。	在宅生活の継続。	H00.9/30～H00.11/30	転倒しない環境整備。	H00.9/30～H00.11/30
清潔にしていたい。	清潔保持。	H00.9/30～H00.11/30	定期的にパッド交換できる。	H00.9/30～H00.11/30
耳が遠いが、他者との交流をして生き生きしていたい。	同年代との交流ができる。	H00.9/30～H00.11/30	レクリエーション、作品作りに参加できる。	H00.9/30～H00.11/30

※1「保険給付対象かどうかの区分」について、保険給付対象内サービス
※2「当該サービス提供を行う事業所」について記入する。

吹き出しコメント：

- 「病気が悪くならないように」とは、消極的ですね。ご本人の意欲が引き出せなくなっているのでは……。

- Aさんの「モニタリング表」を見ると、毎日のデイサービスで疲れ、トイレでの排せつが減り、オムツ使用が増えたとの報告がありました。

- つまり、ご本人の意思を聞き出さないまま、「あてがう介護」になってしまっているということです。

- ミツルくん、「身の回りのことは自分で行ないたい」という、ご本人のニーズに応えたケアプランになっていると思いますか？

- うーん、どうも転倒しない環境づくりのほうに目がいってしまっているように感じます。ぼくもやりがちなので、今、反省していたところです。ご本人のニーズがいちばん大切ですから、それを見逃さないようにしたいですね。

- 交流の機会が少ないのであれば、短期目標は「デイサービスに慣れて家族以外の他者との交流が持てる」になるのでは？そして長期目標は「レクリエーションや作品作りに参加しながら他者との交流を行なえるようになる」としてはいかがでしょうか。

- 長期目標は最も長くて認定の有効期間、短期目標は最も長くて3か月です。長期、短期ともに同じ期間になっているので、その理由は「サービス担当者会議」で説明し、「サービス担当者会議の要点」に記載しておきましょう。

- サービス内容がずらっと並んでいますが、横軸を整理してだれがなにを担当するのか、役割分担がわかるように記入するのが基本です！

- 清潔の保持を入れるなら、「清潔環境を整えながら、自分でできることを増やす」という方向にしたいところです。保持が目標で終わってしまったらダメです。

居宅サービス計画書(2)　　　　作成年月日　　平成〇〇年〇月〇〇日

サービス内容	※1	サービス種別	※2	頻度	期間
定期診察(往診)、一般状態観察、服薬管理、主治医連携、水分・食欲の観察、排せつの観察、入浴時の皮膚・浮腫の観察、テレビモニターによる安否確認、緊急連絡、夜間時緊急訪問体制の確立。		家族	家族	毎日	H00.6/1〜
	○	居宅療養管理指導	クリニック	月2回	H00.9/30〜H00.11/30
	○	通所介護	デイサービスセンター	週3回	H00.9/30〜H00.11/30
	○	訪問介護		毎日	H00.9/30〜H00.11/30
		弁当	弁当	毎日	H00.9/30〜H00.11/30
	○	短期入所生活介護	ショートステイ	希望時	H00.9/30〜H00.11/30
	○	夜間対応型訪問介護	ナイト		H00.9/30〜H00.11/30
ミキサー食の提供、食事の見守り、水分のとろみ混入。ご本人の好みを聞きながら調整。					H00.9/30〜H00.11/30
食事(弁当)、水分準備、かたづけ、掃除、洗濯、トイレへの声かけ、パンツ・パッド交換確認一部介助、ベッド・歩行器レンタル、立ち上がりや歩行器の移動見守り、助言。体調に合わせた機能訓練、トイレ動作など日常生活動作訓練。手すり設置。		家族	家族		H00.9/30〜H00.11/30
	○	訪問介護		毎日	
	○	福祉用具貸与		毎日	
	○	通所介護	デイサービスセンター	週3回	
	○	住宅改修	●●開発		
安全な入浴、自分でできる部分の洗身・更衣、おむつ・パッドの交換、パジャマへの更衣。	○	通所介護	デイサービスセンター	週3回	H00.9/30〜H00.11/30
	○	訪問介護		毎日	H00.9/30〜H00.11/30
	○	短期入所生活介護	ショートステイ	希望時	H00.9/30〜H00.11/30
右側からの声かけ(大きな)、作品作り、レクリエーション、書き物、塗り絵など。	○	通所介護	デイサービスセンター	週6回	H00.9/30〜H00.11/30

については○印を付す。

デイサービスでは機能訓練があるはず。それも抜け落ちてしまっています。

あれ? お弁当の配食サービスが毎日あるのに、「ミキサー食の提供」って書いてありますね。

ミキサー食ならお弁当は食べられないはずなので、どちらかが間違いということでしょう(汗)

「トイレへの声かけ」があるのに、「おむつ」や「パッドも使用」という記載がありますね。

ポータブルトイレに行けるのに、夜は転倒しないようにおむつにさせている……というような実態が想像できます……。

サービス内容が「右側からの声かけ」とは? Aさんをもっと元気にしてさしあげたいという気持ちがこの言葉から感じることはできません。

実例に学ぶケアプラン

69

施設サービス（介護老人保健施設）のBさん（男性・86歳）　要介護1

Bさんはどんな人？
（アセスメントなどより）

> だいたいのことはご自分でできているということから、「ご本人の自立した生活をしたい」という意欲を感じますね。

> 介護老人保健施設（老健）の入所期間は、基本的には3か月単位です。在宅での生活がよりうまくいくようにリハビリするのが目的ですから、Bさんもそのために入所したのでしょう。

　Bさんは穏やかな人柄ですが、認知症状があり、環境が変わって不安になると怒りっぽくなります。ご本人も理解力の低下などへの不安を感じています。食事は手が震えるのでこぼすこともありますが、ほぼ自力で普通に食べています。杖をついて歩くことができますが、歩き始めにふらつくことが時々あります。入浴や着替えなどは、一部に介助が必要ですが、だいたいのことは自分でできています。

介護老人保健施設とは？

●**リハビリが中心**
　心身状況や病状が安定している人が一時的に入所して、自宅での生活が可能になるようにリハビリを受ける施設です。看護や介護のほか、限られた範囲の医療を受けることができ、作業療法士や理学療法士など機能訓練を担うスタッフが常勤しています。

●**入所は3か月で区切りに**
　短期でリハビリ効果が得られるように計画し、自宅に早く戻れるようにする中間施設ですが、長期入所する利用者が増加しているため、おおむね3か月を目安に指導が行なわれます。長期入所者については、ケアプランの審査が行なわれたり、実地指導で問われたりします。

●**規模や種類はいろいろ**
　介護老人保健施設は規模や人員配置の規定がありますが、医療機関本体の人員を一部兼務できる特定施設や、サテライト型老人保健施設など小規模の施設もあります。個室で10人程度を単位としてケアをするユニット型施設が普及しています。
　また、医療ニーズのより高い利用者も受け入れられる施設として、介護療養型老人保健施設があります。看護師を24時間配置しているため、痰の吸引や経管栄養などにも対応ができます。

実例に学ぶケアプラン

> どちらも施設への希望を書いているだけです。「Bさんが家で生活するには、どんなバリアがありますか?」、ご家族には「どうなったら、Bさんと家でいっしょに暮らせると思いますか?」「なにを改善したいですか?」という聞き方をして、もっと具体的な意向を引き出しましょう。

第1表		施設サービス計画書（1）		作成年月日　平成〇〇年〇月〇〇日
		初回　紹介　継続		認定済　申請中

利用者名　　　B　　　殿　　　生年月日　昭和〇〇年〇月〇〇日　　　住所

居宅サービス計画作成者氏名

居宅介護支援事業者・事業所名及び所在地

居宅サービス計画作成（変更）日　平成〇〇年　4月12日　　　初回居宅サービス計画作成日　平成〇〇年　4月12日

認定日　平成〇〇年　5月　07日　　　認定の有効期間　平成〇〇年　4月01日～平成〇〇年　03月　31日

要介護状態区分	要介護1	要介護2	要介護3	要介護4	要介護5
利用者の意向	好きなように過ごしたい。				
ご家族の意向	本人の意向に添ってやってほしい。				
介護認定審査会の意見及びサービスの種類					
総合的な援助の方針	身体機能の維持を行ない、穏やかに生活できる。				
生活援助中心型の算定理由	1．一人暮らし　　2．家族等が障害、疾病等　　3．その他（				

平成〇〇年〇月〇〇日

> 「穏やかに生活できる」という言葉は、現状維持で甘んじてしまっているように思える表現です。自立支援に向けた具体的な援助の方針を書きましょう。

実例に学ぶケアプラン

食事を10割とっているのにＡＬｂ*値が低いのなら、栄養士が食事内容を見直すことが必要でしょう。低い値が続くようなら、ほかの病気の可能性もありますよね。
現状でほぼ10割なのだから、短期目標は10割ではなく「食事内容を見直して栄養改善を行ない、ＡＬｂ値を上げる」、長期目標は「ＡＬｂ値を基準値で維持できるようにする」としたほうがよいでしょう。

*ＡＬｂ：アルブミン。肝臓で作られる、血液中のたんぱく質。正常値は3.8～5.3。低下している場合は、病気や低栄養を疑う。

この表現は矛盾しています。理解力の低下は、認知症状が原因なのか、年相応なのか、どちらなのでしょうか？

Bさんのこの行動は、「理解力が低下している」という不安の大きさからきているものではないでしょうか？

その可能性は大きいですね。とすると、長期目標は「理解力の低下がなくなり、不安なく生活したい」、短期目標は「理解力の低下を防げるようにする」として、そのためにメモを取る習慣をつけてもらうなどのかかわり方を書くとよいですね。

第２表

利用者名　　　　Ｂ　　　　殿

生活全般の解決すべき課題（ニーズ）	目標			
	長期目標	（期間）	短期目標	（期間）
食事はほぼ10割摂取されるが、ＡＬｂ値が2.9と低い。食事を確実に食べていただき、栄養状態の向上を図る必要がある。	身体機能の維持ができる。	H00.4/22～H00.10/7	食事摂取量10割。	H00.4/22～H00.7/7
動き始めにふらつきがあるため注意が必要だが、見守りにて杖歩行で移動することができる。	身体機能の維持ができる。	H00.4/22～H00.10/7	身体機能の維持ができる。	H00.4/22～H00.7/7
認知症状があり、年相応の理解力の低下が見られる。穏やかな性格であるが、環境の変化や不安等で拒否的になったり、怒ったりすることがある。ご本人は好きなように過ごしたい。ご家族は本人の意向に添ってやってほしいとの希望がある。	穏やかに生活できる。	H00.4/22～H00.10/7	不安なく穏やかに生活できる。	H00.4/22～H00.7/7

※１「保険給付対象かどうかの区分」について、保険給付対象内サービスに
※２「当該サービス提供を行う事業所」について記入する。

「穏やかに生活できる」は現状維持にとどまっている表現なのでNGです。

施設サービス計画書（２）　　　作成年月日　　平成〇〇年〇月〇〇日

援助内容				
サービス内容	担当者	頻度	期間
① 米飯・ソフト食を提供する。 ② 食事摂取量、血液検査結果を確認し、状態が低下するようであれば、各職種と相談する。 ③ 体重測定結果を確認する。 ④ 脱水にならないように、声かけを行なう。	介護 看護 管理栄養士	食事時 随時 月１回 随時	H00.4/22～ H00.7/7
① 歩行時は見守りを行ない、ふらつく際は付き添いを行なう。 ② 体育の授業に参加していただき、体を動かしていただく。 ③ 入浴時、浴室内は転倒の危険があるため、付き添い・手引き歩行を行なう。 ④ そのほか動作時は見守りを行ない、必要があれば介助する。 ⑤ 短期集中リハビリに取り組んでいただく。	介護 看護 リハビリ	歩行時 授業時 入浴時 動作時 リハビリ計画書に準ずる。	H00.4/22～ H00.7/7
① 授業（音楽、家庭科など）に参加していただく。 ② 同席のゲストと交流していただく。 ③ 学習療法に取り組み、スタッフと１対１で交流していただく。 ④ 拒否的になる際は無理強いせず、見守りを行ない時間を置いて声かけを行なう。 ⑤ 認知症短期集中リハビリに取り組んでいただく。	介護 学習療法スタッフ 介護、看護 リハビリ	授業時 随時 学習療法時 随時 リハビリ計画書に準ずる。	H00.4/22～ H00.7/7

ついては〇印を付す。

「短期も長期も身体機能の維持で同じなのは変ですね～」

例えば、短期目標は「ふらつきがないように、下肢筋力を強化する」、長期目標は「ふらつきがなく、安定して歩行ができる」というふうな目標設定をしましょう。

施設サービス（介護老人保健施設）のCさん（女性・96歳）　要介護1

Cさんはどんな人？
（アセスメントなどより）

以前は、ひとり暮らしをしていましたが、認知症の症状や持病があることから介護老人保健施設に入所されました。基本的にはシルバーカーや杖を使って歩行ができています。しかし、時々、方向転換をするときにふらつくこともあるので、ご家族の方は転倒を心配されています。同じ話を繰り返したり、物をどこに置いたか忘れたりしますが、普通に人と会話ができて、排せつもほぼ自立しています。

> ほとんど自立した生活ができていらっしゃるみたいですね。96歳という年齢のわりにはしっかりされているような気がします。

> おひとり暮らしが長かったからでしょう。早く、在宅で安心して生活できるようにさせてあげたいですね。

認知症の方への対応と声かけ

●対応の大前提は共感の心
認知症では、理性的な能力に障害があっても、人としての感情はより敏感に働いています。「失敗・判断できない・わからない」などの状況で、能力不足を指摘されると「焦り・怒り・混乱」など負の感情に襲われます。こうして周囲への安心感が失われると症状が進行するうえ、行動・心理上の症状が出ることも。決して「上から目線」にならず、いったん共感して受け止めるようにしましょう。

声かけ例

●食事したのを忘れて「ごはんは？」と催促するとき
「さっき食べましたよ」と指摘するのは×。「そうですね」と受け止めてから、おやつや軽食を出す、あるいは「献立はなににしましょうか」と話をしながら、会話を広げて相手をしましょう。

●財布を盗まれたと言うとき
「どこかにかたづけたんじゃないですか？」と指摘するのは×。「大変。どんな財布ですか？」と受け止めていっしょに探します。ころ合いを見てお茶にするなど、別のことに関心が向くようにします。

●家に帰ると言うとき
「ここが家でしょ」「（施設から）帰れませんよ」と否定すると、閉じ込められた不安が強くなるので×。「どんな用事があるんですか？」と会話を始める、「そこまで送りましょう」と散歩に出てから「帰りましょう」と戻ってくるなどの対応を。今の場所で役割を持って落ち着けるように工夫することも必要です。

※P.94～95もご参照ください。

第1表		居宅サービス計画書（1）		作成年月日　平成〇〇年〇月〇〇日
		初回　紹介　継続		認定済　申請中

利用者名　　　C　　殿　　生年月日　大正〇〇年〇月〇〇日　　住所

居宅サービス計画作成者氏名

居宅介護支援事業者・事業所名及び所在地

居宅サービス計画作成（変更）日　平成〇〇年3月20日　　初回居宅サービス計画作成日　平成〇〇年3月20日

認定日　平成〇〇年7月11日　　認定の有効期間　平成〇〇年8月1日～平成〇〇年7月31日

要介護状態区分	要介護1	要介護2	要介護3	要介護4	要介護5

利用者の意向	自分のことは自分でしたい。
ご家族の意向	脳の刺激になるので授業やレクリエーションなどに参加してほしい。転倒に注意してほしい。
介護認定審査会の意見及びサービスの種類	
総合的な援助の方針	授業・レクリエーションや生活リハビリにより、めりはりのある生活をし、毎日の体調管理に努める。
生活援助中心型の算定理由	1．一人暮らし　　2．家族等が障害、疾病等　　3．その他（

これは完全に施設で過ごすための目標になっています。本来、総合的な援助の方針は「家に帰るための機能訓練をこうしたい」とあるはず。ご家族からは「家で〇〇ができるようになってほしい」という意向を聞き出しましょう。

介護保険の施設は、「在宅復帰に向けた介護」が基本です。しかも、介護老人保健施設は家に帰るための中間施設という位置づけです。在宅生活をするうえでの「バリア」を明確にして、それを越えられるように機能訓練を行ないます。在宅で、ひとりでトイレに行けるようになるためには〇〇〇〇の向上が必要、そのために介護老人保健施設で△△△を行なうというふうに考えます。入所期間は平均3か月ですから、なにもできるようになっていないのに追い出されてしまったら、ご利用者の方もご家族も困ってしまいますよ。

第2表

利用者名　　　　　　　　C　　　　　　　　殿

生活全般の解決すべき課題（ニーズ）	目標		
	長期目標	（期間）	短期目標
♯1　日中は起きていることが多いが、夜間帯に、食事の時間や起きる時間の確認ナースコールを鳴らすことが多くなってきている。 ご家族は、脳の刺激になるため、授業やレクリエーションへの参加をしてほしいと希望されている。	授業・レクリエーションや生活リハビリにより、めりはりのある生活をし、毎日の体調管理に努める。	H00.4/23 〜 H00.10/22	授業や、レクリエーションに参加し、めりはりある生活をする。
♯2　日常のほとんどは自立しており、コミュニケーションは良好であるが、軽度の認知症により、ご家族からの差し入れなどを暴食し、何度か胆石症を再発している。 また、体調不良時にふらつきがあり、転倒の危険がある。		H00.4/23 〜 H00.10/22	病状を悪化させず、安全に生活する。

※1「保険給付対象かどうかの区分」について、保険給付対象内サービスについて
※2「当該サービス提供を行う事業所」について記入する。

この欄には、施設での暮らしの経過を書く必要はありません。それよりも、「昼夜逆転気味」という事実があるのだから、それを治さないと家に帰ってからご本人もご家族も困ってしまうことになります。「昼夜のめりはりを付けて、逆転しない生活を送りたい」などのニーズを書いたほうがよいですね。

施設サービス計画書（2）　　　　　　　　　作成年月日　　平成〇〇年〇月〇〇日

（期間）	援助内容				
	サービス内容	担当者	頻度	期間	
H00.4/23 〜 H00.7/22	① お尻ふきを切ったり、おしぼりを出したりするなどの軽作業を行なっていただく。	3Fスタッフ	随時	H00.4/23 〜 H00.7/22	
	② 体育の授業に参加し、体を動かしていただく。	3Fスタッフ	授業時		
	③ 授業やレクリエーション、学習療法に参加していただく。	3Fスタッフ	授業・レクリエーション・学習療法時		
	④ 授業時は前のほうで参加していただくよう声かけをする。	3Fスタッフ			
	⑤ リハビリを行なう。	リハビリスタッフ	リハビリ計画書に準ずる。		
H00.4/23 〜 H00.7/22	① 家族面接時は、その場で食べられるだけの差し入れをするよう話をする。	3Fスタッフ	面会時	H00.4/23 〜 H00.7/22	
	② 家族面会の後は居室の確認などを行ない、差し入れなどの確認をさせていただく。差し入れがたくさんあった場合は、ご本人に確認し、スタッフが管理をする。	3Fスタッフ	面会時		
	③ 毎食事ファイバーを使用し、しぜんな自排便を促す。	3Fスタッフ	毎食		
	④ 1日1,000ml以上の飲水を目ざし、水分を提供する。	3Fスタッフ	毎日		
	⑤ 体調管理のため、腎臓病食・肝臓病食にて提供する。	栄養課	毎食		
	⑥ 体調不良時やふらつきの強いときは、高リスクゲストに上げ、見守りを強化する。	3Fスタッフ	体調不良時ふらつき時		

は〇印を付す。

施設サービス（特別養護老人ホーム）のDさん（女性・93歳）要介護4

Dさんはどんな人？
（アセスメントなどより）

Dさんは、友人などがよく訪ねてくる社交的な生活を送っていました。街を散歩しながら人との出会いや街の景色も楽しんでいましたが、徐々に身の回りのことができなくなってきたため入所しました。糖尿病の持病があり、左手に拘縮、右足にじょく瘡がありますが、人に支えてもらえれば少しの間立つことができます。食事がなによりの楽しみですが、たまにむせたり、手が止まってしまうことがあるので、見守りや手助けが必要です。日中、ウトウトされたり、ひとり言が目だつこともたまにあります。ただ、ひとりごとを続けていても、だれかが会話の相手をしてあげると落ち着きます。「窓辺で日光浴をすると気持ちが良い」とおっしゃるなど、おしなべて楽しそうに生活されています。

> 楽しく食事ができていらっしゃるというのがなによりですね。自立した生活もまだまだできるのでは？

> お友達が多くて、社交的な生活をされていた方です。ぜひ、ケアプランでもっともっと元気になってほしいです。

特別養護老人ホームとは？

●生活の場に近い施設
医療ニーズが低く、日常生活に介助が必要な人が利用できますが、要介護度の高い人が中心です。できる限り在宅生活への復帰をめざすという目的もあり、機能訓練も行なわれますが、実際は利用者が生活する家に近い施設です。医師は非常勤のことや、夜間は看護師がいない施設もあります。地域によって小規模やサテライト型の施設も生まれていますが、待機者が多いのが現状です。

●ユニット化が進む
従来は多床型が多く、相部屋が中心でしたが、現在は個室と少人数の共有スペースを組み合わせたユニット型への転換が進められています。相部屋よりも利用料が割高になりますが、低所得者は申請によって負担を軽くできる場合もあります。

●重度にも対応し、看取りまで
医療ニーズの高い利用者に対応するために、介護サービス事業者と契約して訪問看護を取り入れて看護体制の強化を図ったり、常勤の医師を配置したりする施設もあります。本人または家族の要望で看取り介護を受けられる場合もあります。

ご家族の「〜してほしい」という言葉が並んでいますね。アセスメント時に「なにをしてほしいですか？」という間違った聞き方をしてしまった例です。施設にどんなサービスを望むかを確認しただけなのでしょう。
「どのような心身状態になってほしいですか？」
「Dさんのどんな姿を望まれますか？」
と聞けば、Dさんやご家族の具体的な意向が聞き出せたはずです。

第1表	施設サービス計画書（1）	作成年月日　平成〇〇年〇月〇〇日
	初回　紹介　継続	認定済　申請中

利用者名　　　D　　　殿　　　生年月日　大正〇〇年〇月〇〇日　　　住所

居宅サービス計画作成者氏名

居宅介護支援事業者・事業所名及び所在地

居宅サービス計画作成（変更）日　　平成〇〇年　3月　15日　　　初回居宅サービス計画作成日　　平成〇〇年　10月　29日

認定日　平成〇〇年　3月　15日　　　認定の有効期間　平成〇〇年　4月　1日〜平成〇〇年　3月　31日

要介護状態区分	要介護1	要介護2	要介護3	要介護4	要介護5

利用者の意向	
ご家族の意向	訴えやひとり言があるときは傾聴し、安心してもらいたい。めりはりのある生活をしてほしい。食べることが好きだったので、制限内でおいしく食べてほしい。
介護認定審査会の意見及びサービスの種類	
総合的な援助の方針	施設での生活を送っていただく中で刺激のある生活をし、身体機能や健康状態を維持できるように支援し、また安全に必要エネルギーを確保し、栄養状態や体重が維持できるようにする。
生活援助中心型の算定理由	1．一人暮らし　　2．家族等が障害、疾病等　　3．その他（　　　　　　　　　　）

平成　〇〇年　〇月〇〇日　印

自立支援の方向性が見えません。ケアマネジャーが、ご本人の元気な姿のイメージをもっと膨らませて、「介護保険を使って、どう元気になってもらうか」という考え方を示すようにしましょう。

実例に学ぶケアプラン

第2表

利用者名　　　　　D　　　　　殿

生活全般の解決すべき課題 （ニーズ）	長期目標	（期間）
♯1　入居以前より右足にじょく瘡があるため、じょく瘡を治していく。	じょく瘡が治癒する。	H00.4/1 〜 H00.9/30
♯2　ご家族「糖尿病だが制限内でおいしく食事をしてほしい」	食事形態のアップを図ることができる。	H00.4/1 〜 H00.9/30
♯3　離床時間が増え、トイレにも座れるようになってきた。今後は立位保持しトイレに座れるようにしていく。	トイレで立位が保持できるようになる。	H00.4/1 〜 H00.9/30
♯4　ご家族「ひとり言が多いが、本人の話を聞いて声をかけてほしい」「めりはりのある生活をしてほしい」	笑顔で安心して過ごすことができる。	H00.4/1 〜 H00.9/30

※1「保険給付対象かどうかの区分」について、保険給付対象内サービ
※2「当該サービス提供を行う事業所」について記入する。

これは介護者の方の言葉ですね。

そう。このサービス計画書にはご本人の意思が入っていないんです。これでは介護者のためのサービス計画書になってしまいます。Dさんはコミュニケーションを取れる方なのですから、もっとご本人の希望を元に書くようにしましょう！

「過ごす」という言葉から、ただ時間の経過を待つ受け身の姿を想像してしまいます。どのように過ごして、その人らしい元気な姿を実現するのかという自立支援の目標を具体的に書きましょう！

施設サービス計画書(2) 　　　　　　　　　　　　作成年月日　　平成〇〇年〇月〇〇日

短期目標	(期間)	援助内容			
		サービス内容	担当者	頻度	期間
じょく瘡の悪化が見られない。	H00.4/1 ～ H00.6/30	① 皮膚科医師の指示のもと処置を行なう。	看護師	毎日	H00.4/1 ～ H00.6/30
		② 足浴を毎日行ない、保清に努めるとともに、瘡部の皮膚の状態を観察する。	介護職員	毎日	
		③ 臥床時は踵を挙上し除圧する。座位時も瘡部が当たらないよう注意する。	介護職員	毎日	
		④ 糖尿病の悪化がないように、HbA1C・血糖値を定期的にチェックする。	看護師	定期	
誤嚥なく自力にて全量摂取できる。	H00.4/1 ～ H00.6/30	① 義歯なく、ややむせあり。糖尿病のため粥ムース・ムースの形態にて18g単位の糖尿病食(1,440kcal／1日)と、水分はお茶ゼリーやとろみを付けて提供する。	管理栄養士、介護職員	毎日	H00.4/1 ～ H00.6/30
		② 昼食のみ、全粥190g・ソフト食1cmにて提供する。	管理栄養士、介護職員	毎日	
		③ 毎食、スプーンを持っていただき、摂取動作を引き出し、手が止まったときは声かけ、介助を行なう。	介護職員	毎日	
介助のもとで立ち上がることができる。	H00.4/1 ～ H00.6/30	① 端座位訓練、四肢可動域訓練、立位保持訓練、体幹・下肢筋力訓練。	機能訓練指導員	1／週	H00.4/1 ～ H00.6/30
		② 移乗時、トイレ誘導時には、みずから力を入れていただけるよう声かけし、立位を取っていただく。	介護職員	毎日	
		③ ベッドで端座位を取り、足底を床に着け、下肢に力を入れながら体幹の運動を行ない、下肢・体幹の筋力訓練を行なう。	介護職員	毎日	
自分のペースで落ち着いて過ごすことができる。	H00.4/1 ～ H00.6/30	① 他者の顔が見えるような位置へ誘導を行なう。	介護職員	毎日	H00.4/1 ～ H00.6/30
		② 天気のよい日は窓辺にて日光浴を行なう。	介護職員	適宜	

スについては〇印を付す。

施設サービス（特別養護老人ホーム）のEさん（女性・94歳）　要介護3

Eさんはどんな人？
（アセスメントなどより）

Eさんは認知症があり、時々徘徊があったり、気分や記憶の乱れがあったりします。しかし、なんとかひとりで歩くことはでき、自宅では常にこまごまとした家事をこなしていました。なので、特別養護老人ホームに入所してから、最初はすることがない状態が不満でしたが、今は、スタッフから、タオルを畳む、皿をふくなどの仕事を頼まれると、ていねいにやり遂げています。髪を洗ったり、歯をみがいたりは介助を必要としていますが、リハビリのプログラムである書道や音楽療法、学習療法には積極的に取り組んでいらっしゃいます。

> 家事に意欲があるというのは、Eさんの自立した生活への強い意志を感じますね。

> 施設暮らしであっても、Eさんのような意欲のある人の願いをどんどん聞いてあげて、専門職の立場から自立を支えていってあげてほしいと思います。そうすれば、きっとよい方向にいきますよ！

そのほか、介護保険で入所・入居できる施設

●長期療養が可能な介護療養型医療施設

慢性期の患者が介護保険によって長期間の看護、医療、介護が受けられる病院や診療所です。医学的管理が必要なので他の介護保険施設に比べると、利用料の設定は高額になります。「老人性認知症疾患療養病棟」では精神症状や認知症症状の強い高齢者が、精神科医療や機能訓練を受けながら療養します。

介護療養型医療施設は2018年3月まで存続することになりましたが、その後は介護療養型老人保健施設（P.70参照）に転換されます。

●居宅サービスを活用する地域密着型

介護保険の施設サービスは主に特養（特別養護老人ホーム）、老健（介護老人保健施設）、介護療養型医療施設の3種ですが、入居できる地域密着型サービスのグループホーム（認知症対応型共同生活介護）もあります。グループホームは、認知症の要介護者などが共同生活を営む住居です。少人数がひとつのユニットとして介護サービスを受けますが、個室を自分の家として、居宅サービスを受ける形になります。施設の内容や価格は幅があるので、入居希望の場合は前もってデイサービスとして利用するなど、体験しておくと内容がよくわかります。

> ご本人がちゃんと希望を話していらっしゃいますね。

> そういうときこそ、さらに具体的に質問しましょう！
> **「仕事って、どんな仕事がいいですか？」**
> **「自分でできることって、今、なにがやりたいですか？」**
> **「じゃあ、それができるようになりましょう」**
> と話しあっていけば、ご本人の意欲をもっと引き出せますよ！

第1表		施設サービス計画書（1）	作成年月日　平成〇〇年〇月〇〇日
		初回　紹介　**継続**	**認定済**　申請中

利用者名　　　E　　　殿　　生年月日　大正〇〇年〇月〇〇日　　住所

居宅サービス計画作成者氏名及び職種　●●●●●

居宅介護支援事業者・事業所名及び所在地　　特別養護老人ホーム　●●●●●

居宅サービス計画作成（変更）日　平成〇〇年 2 月 15 日　　初回居宅サービス計画作成日　平成〇〇年 4月 16日

認定日　　　　　　　　　　認定の有効期間

要介護状態区分	要介護1	要介護2	**要介護3**	要介護4	要介護5

利用者の意向	ご本人 「自分でできることはやりたいんだ」　「仕事がほしい」　「健康でいたい」
ご家族の意向	ご家族 「家事が好きなので家事などをさせてあげてほしい」

介護認定審査会の意見及びサービスの種類	

総合的な援助の方針	現在の状態を維持しながら、穏やかで楽しく、好きなことをして過ごしていけるよう支援していく。

生活援助中心型の算定理由	1．一人暮らし　　2．家族等が障害、疾病等　　3．その他（　　　　　　）

平成〇〇年2月21日　　　　　印

> この書き方だと、施設への希望になってしまっています。Eさんがこうなってほしいという希望を聞いていないのでは？　例えば、「家事が好きなので、家事などができるようになってほしい、ということですね？」というような聞き方をすることで、書く内容がグッと具体的なものになります。

> 「穏やかで楽しく、好きなことをして過ごす」という方針では、自立支援になりません。ご家族の「家事をさせてほしい」、ご本人の「仕事をしたい」というニーズともつながっていません。ご本人がひとつでもできることが増えるように、どんな支援をしていったらいいのかを考えましょう。

実例に学ぶケアプラン

第2表

利用者名　E　殿

生活全般の解決すべき課題（ニーズ）	長期目標	（期間）	短期目標
＃1　ご本人「やれることはやりたい」 ご家族「家事などが好きなのでやらせてあげてほしい」	ユニット内で役割をつくり、生きがいを持っていただくことができる。	H00.3/1 〜 H00.8/31	家事などの手伝いが1日1回できる。
＃2　帰宅願望が増えてきているため、穏やかに自分のペースで過ごしていく必要がある。	安心して過ごすことができる。	H00.3/1 〜 H00.8/31	不穏なく笑顔で充実した毎日を過ごすことができる。
＃3　ご本人「自分でできることはやりたいんだ」	身の回りのことが、自分でできる。	H00.3/1 〜 H00.8/31	機能維持に努めながら、けがなく生活できる。
＃4　ご本人「健康でいたい」	安定した状態で過ごすことができる。	H00.3/1 〜 H00.8/31	異状の早期発見に努める。
＃5　食事に集中できないときがあり、摂取量にむらが見られるが、体重や栄養状態を維持していく必要がある。	栄養状態が良好に維持できる。（Alb3.6以上）	H00.3/1 〜 H00.8/31	毎食8割以上、自力にて摂取できる。

※1「保険給付対象かどうかの区分」について、保険給付対象内サービスについて
※2「当該サービス提供を行う事業所」について記入する。

「役割をつくってあげる」のではなく「みずから意欲を持って、参加ができるようになる」ということだと思います。自分から「私、手伝うわ」と言えるようになると、本人の仕事になり、そこでの居場所ができることになります。

ご本人に帰宅願望があるのですから、目標は、「安心して過ごすこと」ではありませんね。例えば、長期目標は「施設での自分の役割を継続して見つけ、生活の意欲を見い出すことができる」、短期目標は、「施設で自分の役割を見つける」などに。

Eさんが、家事や仕事をすることを望んでいるのは、最終的には家に帰りたい思いからきているんですね。

ご本人が「自分でやりたい」という意志がありますから、例えば、短期目標は「自分でできることを身の回りのことから増やす」、長期目標は「できることは、自分で行なう」にしたほうがよいのでは？

「集中できない」という決めつけた表現はできるだけ避けましょう。むしろ、摂取量にムラがあるため、「食事の楽しみを見つけ、体重や栄養状態の維持・改善をしたい」ということを目標に。

※こういう場合、私ならかかわり方としては、月に1回はなにを食べたいか希望を聞いて、メニューに取り込んでいきます。ユニットケア（小規模生活単位型。個室と少人数の共有スペースを備え、家庭的な雰囲気がある）なら、こういう融通を利かせられると思います。

> なぜ１日１回なのでしょうか？ 短期目標は、「１日の生活の中でより多くの家事などの参加の機会を増やす」ということになるのでは？「手伝い」という表現も引っかかります。

> 与える介護か、ご本人参加型の自立に向けた介護か、そんなところで大きく違ってくるんですね。

施設サービス計画書（２）　　　　　　　　作成年月日　平成〇〇年〇月〇〇日

（期間）	援助内容			
	サービス内容	担当者	頻度	期間
H00.3/1 ～ H00.5/31	① ご本人の体調やようすを見ながら、スタッフといっしょに家事・手伝いを行なっていただく。	介護職員	毎日	H00.3/1 ～ H00.5/31
H00.3/1 ～ H00.5/31	① 帰宅願望・不穏が見られたときは傾聴や声かけを行ない不安軽減に努める。 ② 散歩や行事、レクリエーションなどへの参加を促し、気分転換をしていただく。 ③ 傾眠が見られたときは居室などで休んでいただく。	介護職員	毎日	H00.3/1 ～ H00.5/31
H00.3/1 ～ H00.5/31	① 四肢の筋力訓練、立位バランスの訓練、歩行訓練、マッサージ。 ② 日常生活動作は、できる限り行なっていただけるように、環境の整備を声かけをする。 ③ スタッフとともに、施設内外を散歩をする機会をつくり、歩行能力を維持していく。	機能訓練指導員、介護職員	週１回 毎日	H00.3/1 ～ H00.5/31
H00.3/1 ～ H00.5/31	① 定時のバイタル測定を行ない、異状があればＮＳに報告する。 ② 定期的に医師から指示をいただき、採血を施行。データのチェックを行ない、把握する。	看護師、介護職員	毎日	H00.3/1 ～ H00.5/31
H00.3/1 ～ H00.5/31	① 義歯を使用しており硬いものが食べられないため、米飯・ソフト食の形態にて食事提供する。 ② 立ち上がるなど食事に集中できないときは声かけや時間を置くなどして気分が変わるのを待って、提供し直す。	管理栄養士、介護職員	毎日	H00.3/1 ～ H00.5/31

は〇印を付す。

> 機能維持についてのサービスは、下の#４「健康でいたい」の欄に入れてまとめたほうがいいでしょう。

> ニーズが「健康でいたい」ですから、長期目標は「けがや病気がなく、継続して暮らせる」、短期は「心身機能を向上したい」というほうがよいでしょう。今の目標では現状維持になってしまっています。

> Ｅさん、がんばってください。きっと、家に帰れる日も近いですよ！ 私たちも応援しています！

実例に学ぶケアプラン

ショートステイ(短期入所生活(療養)介護)サービスのFさん(男性・95歳)要介護2

Fさんはどんな人？
（アセスメントなどより）

2年前に転倒で足を骨折して以来、移動は車イスになりました。車イスへの移乗には一部手助けが必要です。中程度の認知症があり、片耳が難聴ですが、ショートステイ施設では補聴器を使って、友達との会話を楽しんでいます。歌が大好きで、施設の合唱プログラムにも積極的に参加し、自由時間にも顔なじみの人とうたっていらっしゃいます。

> 歌は心身共になによりのリハビリですね。私もFさんの歌声を聴きたいです。

> ショートステイで気のあう友達ができて、会話や歌を楽しんでいるというのはすばらしいことです。ぜひ入所前よりもよい状態になって帰っていただきたいですね。

ショートステイ（短期入所生活（療養）介護）サービスとは？

●**自宅で介護を受ける人が一時的に利用**
　利用者の心身機能を維持しながら、家族の介護負担を軽減するのが目的です。利用期間は要介護度によっても異なりますが、長くても連続して30日という決まりがあります。おおむね4日以上続けて利用する場合は、短期入所生活（療養）介護計画がたてられます。

●**「生活」と「療養」の2種類がある**
　ショートステイは大きく分けると福祉施設や株式会社などで行なう「短期入所生活介護」（＝「生活」）と、医療機関が行なう「短期入所療養介護」（＝「療養」）があります。
　「生活」は単独施設のほか、医療施設や養護老人ホームに併設など多様な形態があります。医療関係のサービスはありませんが健康管理を行ないながら、機能改善を視野に入れたレクリエーションや日常生活を送ります。
　「療養」は介護老人保健施設、介護療養型医療施設など医療施設が提供しています。医療器具が日常的に必要な場合や、医学的な管理が必要な場合に利用します。認知症専門の施設もあります。

●**緊急時の受け入れ**
　ショートステイはケアプランに位置づけ、予約のうえで利用します。ただし、自宅での介護者が急病になるなど緊急事態が発生したときはそれでは間に合いません。平成24年度からは空きを確保し、緊急の利用者を受け入れると加算が付きます。対応できる施設を把握しておきましょう。

> ご意向が現状維持で終わってしまっているのが残念です。「リハビリをして、どんなことができるようになりたいですか？」という聞き方をすることで、もっとFさんの意欲を引き出すことができますよ。

第1表		短期入所療養計画書（1）	作成年月日 平
		初回　紹介　継続	

利用者名　　F　殿　　　生年月日　大正〇〇年〇月〇〇日　　　住所

居宅サービス計画作成者氏名

居宅介護支援事業者・事業所名及び所在地

居宅サービス計画作成（変更）日　　平成〇〇年 4月 12日　　　初回居宅サービス計画作成日　　平成〇〇

認定日　平成〇〇年 5月 7日　　　認定の有効期間　平成〇〇年 4月1日～平成〇〇年 3月31日

要介護状態区分	要介護1	要介護2	要介護3	要介護4

利用者の意向	認知面・身体機能の現状維持をしたい。リハビリをしたい。
ご家族の意向	介護負担軽減も兼ね、ショートステイを利用したい。認知面・身体機能の現状維持をしてほしい。

介護認定審査会の意見及びサービスの種類	
総合的な援助の方針	授業・レクリエーションを通じ1日1日を楽しく過ごしながら、現状維持に努める。

> 現状維持ではなく、大切なのは「維持向上」です。私なら「機能訓練のさまざまなメニューを通じ、機能改善・機能向上が図れるように支援する」と書くと思います。

> 楽しく過ごせればよいわけじゃありませんね。「短期入所での機能訓練を通じ、在宅での生活の1日1日が楽しく、けがや病気なく過ごせるようになる」ことが長期目標になるのでは？

> この欄に転倒や入院等の経緯を書く必要はありません。ご本人に確認した意志のみ書けばOKです。

> 「リハビリして、どうなりたいのか」まで聞き出せていれば、「また歩けるようになりたい！」というような、もっと具体的な自立支援に向けた課題設定ができたはずです。

> きっとFさんは、歩行器や杖を使ってもご自身の足で歩けるようになりたいんじゃないかな……。

> これも状況報告ですね。

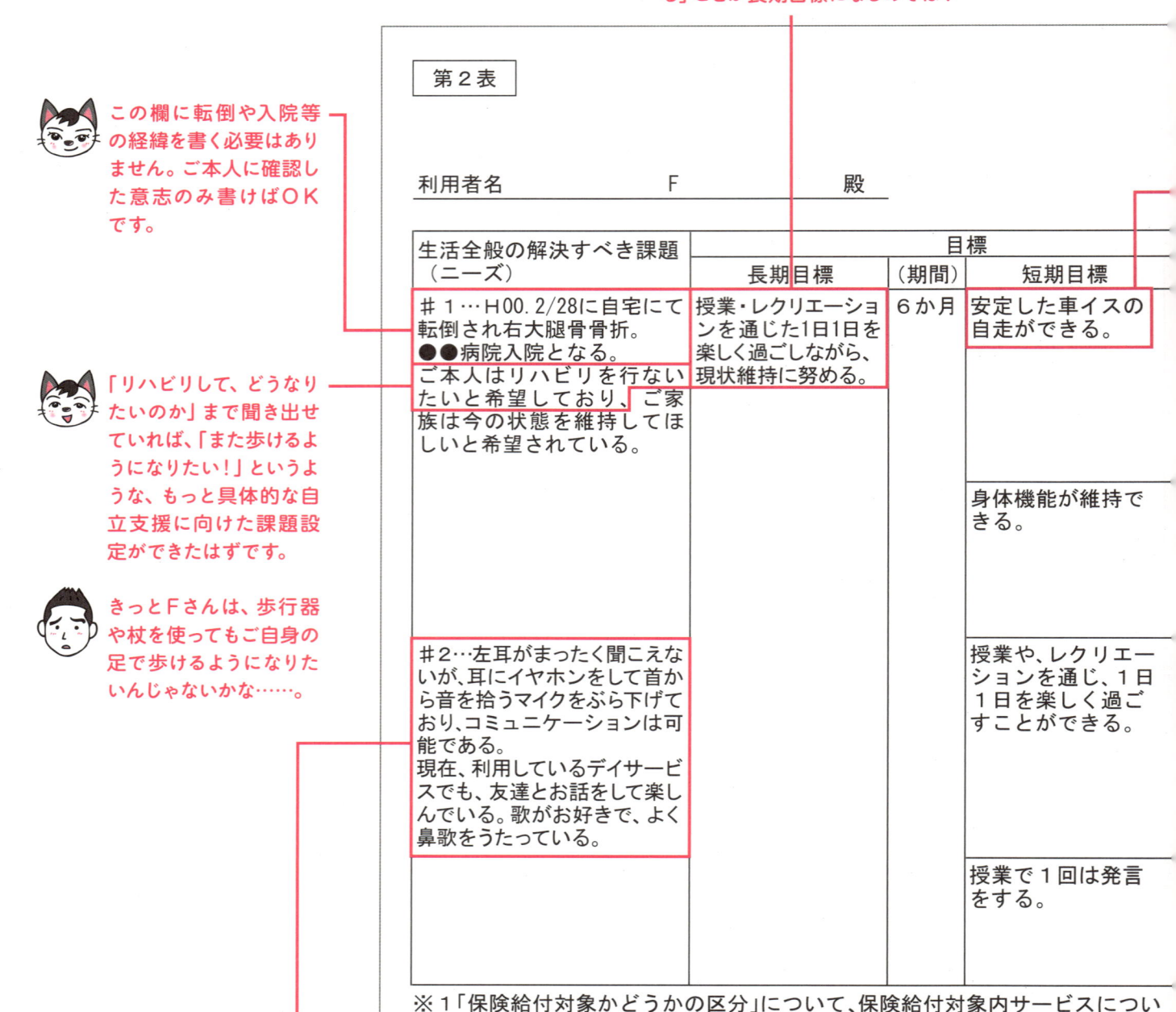

第2表

利用者名　　F　　殿

生活全般の解決すべき課題（ニーズ）	目標		
	長期目標	（期間）	短期目標
♯1…H00.2/28に自宅にて転倒され右大腿骨骨折。●●病院入院となる。ご本人はリハビリを行ないたいと希望しており、ご家族は今の状態を維持してほしいと希望されている。	授業・レクリエーションを通じた1日1日を楽しく過ごしながら、現状維持に努める。	6か月	安定した車イスの自走ができる。
			身体機能が維持できる。
♯2…左耳がまったく聞こえないが、耳にイヤホンをして首から音を拾うマイクをぶら下げており、コミュニケーションは可能である。現在、利用しているデイサービスでも、友達とお話をして楽しんでいる。歌がお好きで、よく鼻歌をうたっている。			授業や、レクリエーションを通じ、1日1日を楽しく過ごすことができる。
			授業で1回は発言をする。

※1「保険給付対象かどうかの区分」について、保険給付対象内サービスについ
※2「当該サービス提供を行う事業所」について記入する。

短期入所療養計画書（2）　　　　　作成年月日　平成〇〇年〇月〇〇日

（期間）	援助内容			
	サービス内容	担当者	頻度	期間
3か月	① トイレの行き来をする際、車イスの自走をする。 ② トイレ以外にも車イスで自走できる機会があれば自走をしてもらう。 ③ 長距離の移動はスタッフが介助する。	介護スタッフ	トイレ時 随時	H00.1/4 〜 H00.4/3
	① 療養食・腎臓病食（減塩）で提供する。 ② リハビリスタッフによるリハビリ（歩行・筋力訓練）をする。 ③ ご自分でできることは促す。	栄養・介護リハビリスタッフ 介護スタッフ	食事時 リハビリ計画書に準ずる。 随時	
	① 授業・レクリエーションへの参加を促す。 ② 授業（特に音楽）への参加を促す。 ③ 話の合うゲストの所へ誘導する。 ④ 話の合うゲストと話が途切れているようであればスタッフが輪に入る。	介護スタッフ	授業・レクリエーション時 随時	
	① 授業・レクリエーションへの参加を促す。 ② 授業（特に音楽）への参加を促す。	介護スタッフ	授業・レクリエーション時	

ては〇印を付す。

文章としては「車イスで安定した自走をしたい」ですね。

でも、そもそも車イスで自走することと、「リハビリしたい」という意志は無関係なのでは？

ミサコさん、よく気がつきましたね。車イスを一生使わせるのではなく、リハビリによって歩行器に移らせてあげるほうがご本人にとってはいいわけです。ご本人のリハビリへの意欲を大事にしてあげてほしいです。

巻末資料 ❶

ケアプランの軽微な変更について

　ケアプランはご利用者の状況に合わせて、内容変更が必要な度に、再アセスメントからのプロセスを経て再プランをつくるのが基本です。しかし、「軽微な変更」のときは、現在のケアプランを一部書き換えることで、継続できる場合があります。下記の表を判断の参考にご使用ください。ただし、「軽微な変更」に当たるかどうか迷ったときは、必ず、行政の窓口に問い合わせましょう。

	ケアプランの作成について	「指定居宅介護支援等の事業の人員及び運営に関する基準について（平成11年7月29日老企22号厚生省老人保健福祉局企画課長通知）」（以下、「基準の解釈通知」という。）の「第Ⅱ指定居宅介護支援等の事業の人員及び運営に関する基準」の「3運営に関する基準」の「(7)指定居宅介護支援の基本取扱方針及び具体的取扱方針」の「⑮居宅サービス計画の変更」において、居宅サービス計画を変更する際には、原則として、指定居宅介護支援等の事業及び運営に関する基準（平成11年3月31日厚令38、以下「基準」という。）の第13条第3号から第11号までに規定されたケアプラン作成にあたっての一連の業務を行うことを規定している。なお、「利用者の希望による軽微な変更（サービス提供日時の変更等）を行う場合には、この必要はないものとする。」としているところである。
1	サービス提供の曜日変更	利用者の体調不良や家族の都合などの臨時的、一時的なもので、単なる曜日、日付の変更のような場合には、「軽微な変更」に該当する場合があるものと考えられる。 なお、これはあくまで例示であり、「軽微な変更」に該当するかどうかは、変更する内容が同基準第13条第3号（継続的かつ計画的な指摘居宅サービス等の利用）から第11号（居宅サービス計画の交付）までの一連の業務を行う必要性の高い変更であるかどうかによって軽微か否かを判断すべきものである。
2	サービス提供の回数変更	同一事業所における週1回程度のサービス利用回数の増減のような場合には、「軽微な変更」に該当する場合があるものと考えられる。 なお、これはあくまで例示であり、「軽微な変更」に該当するかどうかは、変更する内容が同基準第13条第3号（継続的かつ計画的な指定居宅サービス等の利用）から第11号（居宅サービス計画の交付）までの一連の業務を行う必要性の高い変更であるかどうかによって軽微か否かを判断すべきものである。
3	利用者の住所変更	利用者の住所変更については、「軽微な変更」に該当する場合があるものと考えられる。 なお、これはあくまで例示であり、「軽微な変更」に該当するかどうかは、変更する内容が同基準第13条第3号（継続的かつ計画的な指定居宅サービス等の利用）から第11号（居宅サービス計画の交付）までの一連の業務を行う必要性の高い変更であるかどうかによって軽微か否かを判断すべきものである。
4	事業者の名称変更	単なる事業所の名称変更については、「軽微な変更」に該当する場合があるものと考えられる。 なお、これはあくまで例示であり、「軽微な変更」に該当するかどうかは、変更する内容が同基準第13条第3号（継続的かつ計画的な指定居宅サービス等の利用）から第11号（居宅サービス計画の交付）までの一連の業務を行う必要性の高い変更であるかどうかによって軽微か否かを判断すべきものである。
5	目標期間の延長	単なる目標設定期間の延長を行う場合【ケアプラン上の目標設定（課題や期間）を変更する必要が無く、単に目標設定期間を延長する場合など】については、「軽微な変更」に該当する場合があるものと考えられる。 なお、これらはあくまで例示であり、「軽微な変更」に該当するかどうかは、変更する内容が同基準第13条第3号（継続的かつ計画的な指定居宅サービス等の利用）から第11号（居宅サービス計画の交付）までの一連の業務を行う必要性の高い変更であるかどうかによって軽微か否かを判断すべきものである。

6	福祉用具で同等の用具に変更するに際して単位数のみが異なる場合	福祉用具の同一種目における機能の変化を伴わない用具の変更については、「軽微な変更」に該当する場合があるものと考えられる。 なお、これはあくまで例示であり、「軽微な変更」に該当するかどうかは、変更する内容が同基準第13条第3号（継続的かつ計画的な指定居宅サービス等の利用）から第11号（居宅サービス計画の交付）までの一連の業務を行う必要性の高い変更であるかどうかによって軽微か否かを判断すべきものである。
7	目標もサービスも変わらない(利用者の状況以外の原因による)単なる事業所変更	目標もサービスも変わらない（利用者の状況以外の原因による）単なる事業所変更については、「軽微な変更」に該当する場合があるものと考えられる。 なお、これはあくまで例示であり、「軽微な変更」に該当するかどうかは、変更する内容が同基準第13条第3号（継続的かつ計画的な指定居宅サービス等の利用）から第11号（居宅サービス計画の交付）までの一連の業務を行う必要性の高い変更であるかどうかによって軽微か否かを判断すべきものである。
8	目標を達成するためのサービス内容が変わるだけの場合	第一表の総合的な援助の方針や第二表の生活全般の解決すべき課題、目標、サービス種別等が変わらない範囲で、目標を達成するためのサービス内容が変わるだけの場合には、「軽微な変更」に該当する場合があるものと考えられる。 なお、これはあくまで例示であり、「軽微な変更」に該当するかどうかは、変更する内容が同基準第13条第3号（継続的かつ計画的な指定居宅サービス等の利用）から第11号（居宅サービス計画の交付）までの一連の業務を行う必要性の高い変更であるかどうかによって軽微か否かを判断すべきものである。
9	担当介護支援専門員の変更	契約している居宅介護支援事業所における担当介護支援専門員の変更（但し、新しい担当者が利用者はじめ各サービス担当者と面識を有していること。）のような場合には、「軽微な変更」に該当する場合があるものと考えられる。 なお、これはあくまで例示であり、「軽微な変更」に該当するかどうかは、変更する内容が同基準第13条第3号（継続的かつ計画的な指定居宅サービス等の利用）から第11号（居宅サービス計画の交付）までの一連の業務を行う必要性の高い変更であるかどうかによって軽微か否かを判断すべきものである。
サービス担当者会議の開催について		基準の解釈通知のとおり、「軽微な変更」に該当するものであれば、例えばサービス担当者会議の開催など、必ずしも実施しなければならないものではない。 しかしながら、例えば、ケアマネジャーがサービス事業所へ周知した方が良いと判断されるような場合などについて、サービス担当者会議を開催することを制限するものではなく、その開催にあたっては、基準の解釈通知に定めているように、やむを得ない理由がある場合として照会等により意見を求めることが想定される。
1	サービス利用回数の増減によるサービス担当者会議の必要性	単なるサービス利用回数の増減（同一事業所における週1回程度のサービス利用回数の増減など）については、「軽微な変更」に該当する場合があるものと考えられ、サービス担当者会議の開催など、必ずしも実施しなければならないものではない。 しかしながら、例えば、ケアマネジャーがサービス事業所へ周知した方が良いと判断されるような場合などについて、サービス担当者会議を開催することを制限するものではなく、その開催にあたっては、基準の解釈通知に定めているように、やむを得ない理由がある場合として照会等により意見を求めることが想定される。
2	ケアプランの軽微な変更に関するサービス担当者会議の全事業所招集の必要性	ケアプランの「軽微な変更」に該当するものであれば、サービス担当者会議の開催など、必ずしも実施しなければならないものではない。 ただし、サービス担当者会議を開催する必要がある場合には、必ずしもケアプランに関わるすべての事業所を招集する必要はなく、基準の解釈通知に定めているように、やむを得ない理由がある場合として照会等により意見を求めることが想定される。

「介護保険最新情報vol.155」（平成22年7月20日・厚生労働省老健局振興課）より引用

巻末資料 ❷

コミュニケーションとマナーの基本

ケアマネジャーの仕事は人と人をつないで、前向きの気持ちを持ってもらうことともいえます。ご利用者やご家族、サービス担当者と気持ち良く協力し合えるように、コミュニケーションとマナーの基本を知っておきましょう。

コミュニケーションの基本は、言葉よりも温かい「態度」

相手によって敬語を使い分けるなど、言葉は意識して選んで使うことができます。ところが、実は相手が受け取っているのは、言葉の内容よりも、話す調子や表情など態度のほうなのです。どんなに敬語を使っても、言葉の調子や態度（表情や身ぶりなど）がぶっきらぼうだったら、敬意は伝わりません。

確かに買い物でも店員さんが、気持ちの良い物腰で応対してくれると、印象が違いますね！

そうなの。でもね、自分の表情や声を意識的にコントロールするのは、短時間ならできても、長い時間は難しいものよ。

そうですよねー。どうすればいいのかしら。

イライラしていたら、隠しても伝わってしまうでしょう？　だから自分の心をよい状態に切り替えることが大事なの。そのうえで相手のことを考えるようにすれば、しぜんに明るく優しく接することができるわよね。

自分の気持ちを明るく穏やかに保つことが大事なんですね！

「ご苦労様です」は昔、殿様が目下の部下に使った言葉です。目上の人やお客様、ご利用者に使うのはタブー。

あいさつを大事にしましょう

人間関係ではお互いに気持ちよく過ごすために、あいさつはとても重要です。「挨拶」という文字には、自分の心を開いて近づくという意味があるとおり、あいさつは「自分の心を開く」ことなのです。

初対面だと意識しますが、慣れた相手には、うっかりあいさつしないこともあります……。

場合によっては、無視したと受け取られることもあるから、気をつけましょう。目を見て笑顔を向けるだけでも違うわよ。次のように「あいさつ」の4文字で覚えておくといいわね。

あいさつのポイント

あ：明るく・アイコンタクト（笑顔で目を見ましょう）

い：いつでも・どこでも・だれにでも
（TPOによって目礼にするなど、ていねいさは変わりますが、あいさつ自体は省略しません）

さ：先に（待っているのではなく、自分から先に）

つ：続けて
①今日も明日も、何年先でもずっと続けるもの。
②ひと言加えて会話を続ける。
　（例・おはようございます。寒くなりましたね。など）

あいさつの言葉

外出する人へ：「いってらっしゃい」
帰ってきた人へ：「お帰りなさい」
　　　　　　　　　「お疲れ様です」
ひと仕事終わったとき：「お疲れ様です」
※「ご苦労様です」は目下に使う言葉

職場の10大基本用語をマスター

ビジネスの場でよく使われるあいさつ用語があります。とっさの場合もしぜんに使い分けられるように、マスターしましょう。

	基本用語	使用する場面
①	こんにちは（事業所） いらっしゃいませ（施設）	・取引先やご利用者のお宅を訪問した場合や、施設に見学などでお客様やご家族がいらっしゃった場合 ・時間によって「おはようございます」「こんばんは」
②	お疲れ様です	上司や同僚とすれちがったとき、上司や同僚がその日の仕事を終えて帰るときなど
③	いつもお世話になっております	・取引先の方と会ったとき ・外部から電話がかかってきたとき
④	よろしくお願いいたします	なにかのお願いをしたとき
⑤	はい、かしこまりました	なにかの用件を承ったとき
⑥	恐れ入りますが、少々お待ちくださいませ	ご利用者・ご家族、取引先の方にお待ちいただくとき
⑦	大変お待たせいたしました	ご利用者・ご家族、取引先の方にお待ちいただいたとき
⑧	申し訳ございません	おわびをするとき
⑨	ありがとうございます	感謝やお礼をするとき
⑩	失礼いたします	・事務所やご利用者のお宅（部屋）から退出するとき ・上司に話しかけるとき。「お仕事中、失礼いたします」

> 私はすぐに慌ててしまうけど、落ち着いた態度で言えるようになりたいな。

> 用語を覚えて心を込めてしぜんに使えるようになりたいですね！

「すみません」は要注意！

忙しいところを時間を取っていただいたときと、うっかりお茶をこぼしたときでは状況がまったく違います。わざわざ時間を取ってくれた人には感謝の言葉「ありがとうございます」を、お茶をこぼしたなどミスや非礼には謝罪の言葉「申し訳ございません」が合っています。感謝も謝罪も「すみません」で済ませるのは、失礼になることもあるので、正しく使い分けましょう。

> うっかり「すみません」を使ってしまうけど、相手の立場になってみると、「ありがとうございます」と「申し訳ございません」を使い分けることが大切なんですね！

巻末資料 ③

認知症の基礎知識とケアのポイント

　認知症とは、正常であった脳の働きが、いろいろな疾患などによって、持続的に低下していく状態のことです。記憶や判断力などに支障をきたし、進行すると、日常生活が送れなくなります。現在、日本では85歳以上の高齢者の4人にひとりが認知症であるといわれています。

> 認知症はけっして特別な病気ではありません。年を取ればだれにでも起こり得る身近な病気です。正しい知識を身につけて、適切なケアマネジメントでご本人やご家族が穏やかな生活ができるように、自立支援をしていきましょう。

1. 認知症には種類があります。

　代表的なのは、「アルツハイマー型認知症」と「脳血管性認知症」です。このふたつが全体の8割を占めるといわれています。

●アルツハイマー型認知症
　日本人でいちばん多いのがこのタイプです。脳全体が萎縮していく原因不明の病気です。身体的な障害はほとんどなく、ゆっくりと単調に進行していきます。

●脳血管性認知症
　「脳梗塞」や「脳出血」が原因といわれ、発作が起こるたびに症状が悪化するので、よくなったり悪くなったりしながら病気が進んでいきます。

2. 症状は、主に「中核症状」と「周辺症状」に分けられます。

●中核症状
　脳の病気によって現れる症状です。記憶障害、見当識障害、判断力の低下などが該当します。

> 中核症状は、早期に発見することが大切ですね。

> そうです。アセスメントなどで、ご利用者のこうした症状が確認できたら、すぐに早期の受診を勧めるなどしましょう。医療との連携がケアマネジャーの役割ですよ。

●周辺症状
　妄想、うつ状態、意欲の低下、徘徊など。

> この病状が進行すると、ご利用者の生活に大きな支障が出てきますね。

> ご家族にとっても重い介護負担になっていきます。でも、周囲からの働きかけや環境によって改善されることも多いのよ。ケアマネジメントが大切な役割を担うのでがんばりましょう。

3. 周辺症状のタイプとケアのポイント。

　まずは、ご本人をよくアセスメントして、周辺症状が現れるきっかけや原因を知ります。観察のポイントは、「いつ」「どこで」「どんなときに」その症状が現れるか、また、症状が現れないのはどのようなときなのかを確認します。

> まずは原因を把握し、症状のタイプに合わせた適切なケアを実践していくようにしましょう。次のページにまとめたのでご覧ください。

環境不適応型

原因 転居、入院、施設への入所など、急激な環境変化。また、周囲の人間関係の変化など。

ケアのポイント ご本人にとって居心地が良い環境をつくってあげることがなによりも大切です。介護従事者は、ご本人と「なじみ」の関係になるように努めます。

身体不調型

原因 脱水症、便秘、低栄養、急性の病気・けがなど。

ケアのポイント

「脱水症」
医師の指示で水分制限がない方であれば、食事以外で1日に1,300ml以上の水分摂取が必要です。足りないようであれば、水分摂取を促し、食事のメニューの中に、ゼリーや寒天などをプラスして水分を補うようにします。

> アセスメントの際に、ご本人が普段使用している湯のみやコップをお借りして、まずは容量を確認しましょう。それから、1日何回ぐらいそれを使用してお茶などを飲んでいるかうかがえば、おおよその摂取量がわかりますよ！

「便秘」
以下の「便秘対策ケア8原則」を実践していただくようにします。
①規則的な生活 ②規則的な食生活 ③適度な運動 ④決まった時間の排便（排便リズム）⑤座位排便（オムツ使用している場合）⑥十分な水分摂取 ⑦繊維の多い食事 ⑧市販の食物繊維飲料などによる補充

> ご高齢の方は、排便が不規則な方が多いので、目安としては週2回以下であれば便秘を考えます。また、認知症の方で、2〜4日に1回、周辺症状が現れる場合も便秘の可能性を疑います。

「低栄養」
医師からの指示でカロリー制限や塩分制限がない方で、ADLがほぼ自立の場合は1日1,500kcal、全介助に近い方の場合は、1,300kcalを目安に食事をしていただくようにします。

> 日本の高齢者の約3分の1が、低栄養の危険性が高いといわれているのよ。「低栄養」の可能性がある場合は、栄養士に相談して食生活改善のケアプランを入れるようにしましょう。

「急性の病気・けが」
異常を早期発見し、すぐに適切な医療機関につなぎます。

> ご高齢の方は、病気やけがに対して局部の痛みよりも、「なんとなく体がだるい」など全身症状として訴えることが多いのよ。だからこそ、日ごろからご利用者の様子をよく観察することが、ケアマネジャーにも求められているんですよ。

周辺症状型

行動パターンによって、3つに分けられます。

1.「葛藤型」

症状 粗暴な行為、暴力、物盗られなどの妄想など。

原因 抑制や抑圧、不快な人間関係など。

ケアのポイント その行動を起こすようになった「動機」や「きっかけ」を探し出し解消を図ります。

事例：介護者がゆかたのひもを結び直そうとすると暴れて激しく抵抗していた方がいましたが、ゆかたを頭からかぶって着るパジャマに替えたら、数日で抵抗することがなくなりました。

> 施錠して部屋から出さない、「○○してはダメ」「早く○○してください」など抑圧的な言動が原因になっていることもあります。

2.「遊離型」

症状 無為無動、無関心。

原因 つらい現実から逃避したい状態が続いているなど。

ケアのポイント 居心地の良い現実をつくってあげましょう。

事例：「遊離型」の症状がある方に、デイサービスで昼食後、食器洗いに参加してもらうようにしました。職員やほかの高齢者から「ありがとう」「きれいになった」などの感謝の言葉が送られることで、やる気が出てきて、症状が大きく改善しました。

3.「回帰型」

症状 徘徊、幻覚、妄想など。

原因 現実から逃避したい状態に、さらに、輝いていた過去、古き良き時代に戻りたいという強い願望。

ケアのポイント 介助者が、高齢者の回帰している過去に同行する。

事例：夜中に大声で「出発進行!」と号令をかける元鉄道マンだった方に、介護者が、号令がかかるたびにその方のもとに駆けつけ「本日の業務は終了しました!」と報告するようにしました。数日繰り返すと、そうした行動がなくなりました。

ケアのポイント 現実の中に疑似過去をつくる。

事例：現役のころは校長先生だった高齢者が、なにかにつけ人をしかったり指図したりする態度を取っていました。そこで、人が集まる場所でその方にちょっとした訓示や発表役を頼むようにしたところ、次第に行動が穏やかになっていきました。

> 認知症の症状は人によってさまざまですが、多くに共通しているのが、『不快な現実』です。ご高齢の方にとっての『今という現実』が不快になる原因を取り去り、安心できる状態にしてさしあげることが介護従事者の役割となります。ご利用者の心に寄り添いながら、自立に向かっていただくケアプランの作成を、ケアマネジャーは常に心がけていきましょう。

協　力
和光会グループ

編著者
株式会社ねこの手　代表取締役
伊藤 亜記（いとう・あき）

　短大卒業後、出版会社へ入社。祖父母の介護と看取りの経験を機に、社会人入学にて福祉の勉強を始める。98年、介護福祉士を取得し、老人保健施設で介護職を経験し、ケアハウスで介護相談員兼施設長代行を務める。その後、大手介護関連会社の支店長を経て、「ねこの手」を設立。現在、旅行介助サービスや国内外の介護施設見学ツアーの企画、介護相談、介護冊子制作、介護雑誌の監修や本の出筆、セミナー講師、TVコメンテーター、介護事業所の運営・営業サポートなど、精力的に活躍中。

　2007年7月に発刊された『添削式　介護記録の書き方』（ひかりのくに）は再版を続け、介護業界の書籍や雑誌販売が難しい中で2万部を突破するベストセラーとなる。医療・福祉法人の顧問や役員も多数務め、2010年4月子どもゆめ基金開発委員、2012年9月株式会社ゲストハウス役員に就任。主な講演としても全国からの行政等からの依頼で、「介護記録」「実地指導対策」等、多数の講演テーマでも行なっている。

○ 介護福祉士
○ 社会福祉主事
○ レクリエーションインストラクター
○ 学習療法士1級

【ホームページアドレス】http://www.nekonote335.com

本文デザイン・DTP
イワサキデザイン

執筆協力
樋川淳代

編集協力
鈴木尚乃子

校正協力
長谷川 功

イラスト
村松麗子

編集制作
株式会社 童夢

企画編集
安藤憲志

校正
堀田浩之

> 本書のコピー、スキャン、デジタル化等の無断複製は著作権法上での例外を除き禁じられています。本書を代行業者等の第三者に依頼してスキャンやデジタル化することは、たとえ個人や家庭内の利用であっても著作権法上認められておりません。

介護現場の「ねこの手」シリーズ④
実地指導対応 今すぐ見直せるケアプラン

2013年11月　初版発行

編著者　伊藤亜記
発行人　岡本 健
発行所　ひかりのくに株式会社
〒543-0001　大阪市天王寺区上本町3-2-14
郵便振替00920-2-118855　TEL 06-6768-1155
〒175-0082　東京都板橋区高島平6-1-1
郵便振替00150-0-30666　TEL 03-3979-3112
http://www.hikarinokuni.co.jp

印刷所　凸版印刷株式会社

©2013　Aki Ito　　　　　　　Printed in Japan
乱丁、落丁はお取り替えいたします。　ISBN978-4-564-43076-3 C3036
NDC369.17 96P 26×21cm